Vídeos curtos

Dados Internacionais de Catalogação na Publicação (CIP)
Angélica Ilacqua CRB-8/7057

Moura, Leonardo
Vídeos curtos : como o novo consumo transforma o audiovisual e a publicidade / Leonardo Moura. — São Paulo : Summus, 2025.
144 p.; il.

Bibliografia
ISBN 978-65-5549-177-7

1. Comunicação de massa — Aspectos sociais 2. Publicidade — Aspectos sociais 3. Vídeo — Aspectos sociais I. Título

25-3952 CDD 302.234

Índices para catálogo sistemático:

1. Comunicação de massa

www.summus.com.br

Vídeos curtos

COMO O NOVO CONSUMO TRANSFORMA O AUDIOVISUAL E A PUBLICIDADE

LEONARDO MOURA

summus editorial

Editora executiva: **Soraia Bini Cury**
Preparação: **Samara dos Santos Reis**
Revisão: **Michelle Campos**
Capa: **Delfin [Studio DelRey]**
Projeto gráfico: **Crayon Editorial**
Diagramação: **Natalia Aranda**

Summus Editorial
Departamento editorial
Rua Itapicuru, 613 – 7º andar
05006-000 – São Paulo – SP
Fone: (11) 3872-3322
http://www.summus.com.br
e-mail: summus@summus.com.br

Atendimento ao consumidor
Summus Editorial
Fone: (11) 3865-9890

Vendas por atacado
Fone: (11) 3873-8638
e-mail: vendas@summus.com.br

Impresso no Brasil

Sumário

Prefácio — O vídeo é breve, a vida é longa

O CINEMA TRANSFORMOU o universo imagético da humanidade no século 20. Não por acaso, o nosso Glauber Rocha definiu Federico Fellini, um dos grandes cineastas de todos os tempos, como "o maior pintor móvel do mundo". Com o advento da arte cinematográfica, as primeiras gerações de espectadores experimentaram um novo *sensorium*, nas palavras do filósofo frankfurtiano Walter Benjamin, com a nova forma tecnológica de narrar e a sua respectiva experiência estética.

No avanço das décadas, após a sua irrupção, o cinema ganhou a tela grande, o som e a cor e assumiu uma posição axial no domínio das indústrias criativas, difundindo o *American way of life*, expandindo o imaginário da espécie, multiplicando o espectro das artes e fomentando em escala grandiosa a subjetividade humana.

Nos anos 1950, o audiovisual saiu da sala de projeção e entrou nas casas com a chegada da televisão, inaugurando novos formatos, como as telenovelas e outras configurações de ficção seriada, além, evidentemente, dos filmes publicitários — capazes de realizar, em 30 segundos, o pequeno milagre de carregarem no ventre histórias e não histórias unicamente para a fruição recreativa, mas pragmáticas, em favor de marcas, produtos, serviços e causas sociais. Não tardou para que a distribuição das narrativas ganhasse outro divisor universal e, consequentemente, novas práticas de consumo, com a explosão e a pluralidade das plataformas de *streaming*.

De modo similar, embora muito mais acelerado, nessas primeiras décadas do terceiro milênio, a entrada e a disseminação das redes sociais abriram um portal de magnitude impensável até então, e, nelas, a inserção de vídeos curtos provocou, e segue esgarçando, uma "revolução" na maneira de se produzir e consumir audiovisuais pelo planeta adentro.

Não é tarefa breve, portanto, ao contrário da própria duração desses vídeos, pensar em seus processos comunicacionais, artísticos e midiáticos no bojo do circuito da cultura. Mas Leonardo Moura, que já nos havia concedido duas obras essenciais sobre as atuais estratégias criativas na esfera das imagens em movimento, *Conteúdo de marca — Os fundamentos e a prática do "branded content"* e *Como analisar filmes e séries na era do streaming*, agarra este desafio e, como um farol no mar tempestuoso, ilumina o assunto diante do qual a academia e até mesmo estudiosos lépidos e argutos na compreensão de fenômenos comunicacionais preferem, por cautela, ficar à deriva.

De posse de sua vivência de larga amplitude no campo corporativo, sua trajetória como docente e seu empenho como pesquisador sensível e inteligente, Moura nos leva, pela sua escrita translúcida, a pensar com profundidade sobre os vídeos curtos, partindo bem antes, da era do Walkman (marco no hábito da recepção sonora), e se vale de elementos teóricos advindos dos estudos culturais britânicos, sobretudo os de Raymond Williams, entre os quais, *estruturas de sentimentos*. Assim, nos faz refletir sobre os paradigmas esfacelados, os modelos de negócios insurgentes, as lógicas emergentes da publicidade no contexto volitivo dos algoritmos. E tudo, capítulo por capítulo, articulado com dados precisos, fontes seguras e rica bibliografia de apoio, além da autenticidade de seu ponto de vista e de sua desenvoltura autoral.

Não bastasse clarear com sua chave explicativa o ambiente, ora efervescente, do audiovisual contemporâneo nas redes sociais e interpretar suas estratégias mercadológicas e sua disseminação na vida dos consumidores-cidadãos contemporâneos,

Moura demonstra a centralidade do consumo midiático e nos conduz ao âmago de *cases* recentes, mas que já ganharam o *status* de históricos, não apenas como fundadores factuais mas também conceituais.

E mais: o autor adiciona, nesse cenário, a subida ao palco da inteligência artificial generativa, apresentando igualmente angulações singulares e buscando, corajosamente, estudar, por meio de exemplos, as ressonâncias de sua presença no ecossistema musical, cinematográfico e publicitário.

No capítulo "Projetar e vender", o autor propõe as fases e os caminhos para quem deseja atuar hoje nesse amplo mercado do audiovisual. Ou seja, como um quase fecho de uma narração, a teoria do começo se une à prática.

Mas o melhor é terminar logo estas linhas, espécie de prefixo, e ir direto à obra: *Vídeos curtos — Como o novo consumo transforma o audiovisual e a publicidade*, de Leonardo Moura. Um livro na justa medida de seu próprio objeto de observação: curto e vocacionado para impactar.

João Anzanello Carrascoza

Introdução — Você viu que o vídeo mudou?

Do ponto de vista de criadores, produtores e distribuidores, o ano de 2021 foi um dos mais interessantes para os negócios globais do audiovisual. A cadeia que havia sido montada com o modelo de negócio de conteúdo pago, construído mundialmente pela TV por assinatura décadas antes, estava agora sendo reformulada em bases semelhantes para o mercado de *streaming*. A tese era a mesma utilizada para o crescimento da Netflix: a indústria investiria em conteúdo original de altíssima qualidade, tornando-se um fenômeno de consumo que faria que assinantes pagassem para assisti-lo devido à facilidade de aquisição. Tudo intermediado por aplicativos facilmente conectados, incluídos ou adicionados às TVs e aos *smartphones* por meio de *downloads*. Assinar ou cancelar um serviço de *streaming* seria fácil. Mas o fluxo de conteúdo original e de qualidade seria tão intenso e relevante que dificilmente os assinantes deixariam de pagar por um serviço que, calculava-se na época, seria ainda mais barato e mais personalizado do que a considerada ultrapassada TV por assinatura.

A Netflix celebrava seus 200 milhões de assinantes mundiais[1] e, no Brasil, tornava-se a maior operadora de conteúdo pago: estamos falando de 20 milhões de assinantes em 2021[2] — o dobro dos clientes de TV por assinatura[3] — e de uma penetração considerável nas classes sociais A, B e C. Os demais serviços corriam para colocar no ar seus aplicativos globais. O Disney+ estreava no país e no mundo, assim como o HBO Max — ambos com dificuldades tecnológicas iniciais persistentes, com comentários ruidosos sobre seus serviços em redes sociais e muitas comparações com o grande *player* global, a Netflix, que era referência em tecnologia e experiência para o usuário.

O Prime Video, da Amazon, se reformulava para tornar-se o que é hoje: um *marketplace* de vídeos para empresas que, quase cinco anos depois de todos esses lançamentos, de alguma forma jogaram a toalha e tiveram de pensar em novos modelos de distribuição de seu conteúdo pago. A plataforma passou a abrigar até seus concorrentes, num modelo em que "*frenemies*" (competidores em determinados segmentos, mas parceiros de negócios em outros) embarcaram na estrutura da Amazon. Disney+, HBO Max, Globoplay, Paramount+ e muitos outros *streamers* que, inicialmente, investiram volumosamente em modelos de distribuição e gestão direta de suas operações ao consumidor passaram a acreditar nessa nova configuração a fim de tornar sustentáveis seus modelos de negócios. Nenhuma consultoria, nenhum estudo de mercado e nenhuma semelhança histórica com o passado da TV por assinatura previu o impasse que estava se materializando diante dos gestores dos negócios de entretenimento. Eles acreditavam que deveriam transformar suas empresas de conteúdo em empresas de tecnologia para ter sucesso no novo mercado e que investindo em bom conteúdo cativariam o consumidor. Porém, o *streaming* não decolou para todos. Hoje, o mercado finalmente tem se perguntado por quê.

Uma nova geração de consumidores passou a demonstrar que a forma de consumir — em relação tanto aos aparelhos quanto ao tempo dedicado ao entretenimento em vídeo — estava sendo ressignificada. E isso não se restringia aos jovens: adultos também aderiram aos vídeos curtos em redes sociais como Instagram, YouTube, TikTok e Kwai, sua principal forma de entretenimento, socialização, informação, serviço, diversão e relaxamento. Não demorou muito para o mercado publicitário também perceber valor no formato, direcionando investimentos para esse universo de conteúdos criados por usuários comuns, influenciadores nativos digitais e celebridades que embarcaram nas plataformas, organizando suas redes para construir, distribuir e programar conteúdos de forma contínua, mantendo-se conectados com seus fãs, comunidades e consumidores. A isso ainda se somou a inteligência artificial — por enquanto operada por humanos —, que se tornou mais uma ferramenta na criação de conteúdo relevante, divertido, funcional e, como apontam algumas pesquisas[4], extremamente dopaminérgico.

Enquanto a legislação se concentrava em viabilizar novas formas de distribuição e garantir políticas para que o *streaming* privilegiasse modelos nacionais sustentáveis para o audiovisual, garantisse produções independentes e permitisse uma publicidade mais democrática, o consumo já estava mudando diante de nossos olhos. Se nos perguntarmos hoje se conseguimos assistir, em casa, a um conteúdo de duas horas de duração sem pausar, sem desistir e sem dividi-lo em diferentes dias da semana, compreenderemos o que já aparece nos dados e nas pesquisas que pretendemos transformar em conhecimento neste livro. Mudamos o hábito de consumir, e isso inclui não só as novas gerações, mas também o público adulto, que foi incorporando uma lógica de atenção fragmentada e o uso simultâneo de múltiplas telas.

Este livro parte justamente dessa virada silenciosa para analisar a inflexão provocada pelos vídeos curtos na lógica do consumo audiovisual global. A geração Z ocupa o centro dessa mudança, mas seus efeitos já transbordam para outras faixas etárias, segmentos de mercado e modos de produção. Ao longo dos capítulos, vamos:

- revisitar modelos de estudos culturais, demonstrando como o consumo, mais do que a regulação ou a representação, é o motor real das transformações;
- mapear o que consomem as gerações Z e alfa, e como seus hábitos influenciam até os *boomers*, *gen-Xers* e *millennials*;

- analisar os dados que indicam o surgimento de um novo padrão de consumo mais fragmentado, mais móvel e mais curto;
- apresentar exemplos emblemáticos de vídeos curtos, incluindo tendências, modas e formatos que estruturam um novo campo cultural;
- mostrar como a inteligência artificial já está impactando os formatos, inclusive no audiovisual publicitário;
- propor um modelo de estruturação de projeto adaptado à nova realidade, voltado para produtores, mas também para agências, anunciantes e plataformas.

Mais do que a defesa de um olhar acurado para as oportunidades e a materialidade do *shortform*, este livro é um convite à escuta atenta de uma transformação em curso — silenciosa, mas estrutural, e que já está moldando o presente. Entendê-la é fundamental para quem cria, planeja, regula, pesquisa e consome conteúdo audiovisual. Que esta leitura sirva de mapa e provocação para navegarmos nesse novo tempo.

Notas

1. Estigarribia, Juliana. "Netflix bate recorde de 200 milhões de assinantes em meio à pandemia". *Exame*, 19 jan. 2021. Disponível em: https://exame.com/negocios/netflix-bate-recorde-de-200-milhoes-de-assinantes-em-meio-a-pandemia/. Acesso em: 31 jul. 2025.
2. Demartini, Felipe. "Sem querer", Cade revela quantos assinantes a Netflix tem no Brasil. *Canaltech*, 11 out. 2021. Disponível em: https://canaltech.com.br/entretenimento/sem-querer-cade-revela-numero-de-assinantes-da-netflix-no-brasil-198483/. Acesso em: 31 jul. 2025.
3. Possebon, Samuel. "TV paga perdeu quase 13% da base em 2021". *Teletime*, 7 fev. 2022. Disponível em: https://teletime.com.br/07/02/2022/tv-paga-perdeu-quase-13-da-base-em-2021/. Acesso em: 31 jul. 2025.
4. Gasparetto, Glau; Moióli, Júlia. "O que vídeos curtos e viciantes fazem no cérebro do seu filho". *UOL*, 21 ago. 2023. Disponível em: https://www.uol.com.br/tilt/noticias/redacao/2023/08/21/videos-curtos-atencao-menor-ainda-o-cerebro-sob-os-efeitos-do-tiktok.htm. Acesso em: 16 jun. 2025.

1. O circuito da cultura e a centralidade do consumo

A CONSOLIDAÇÃO DOS ESTUDOS culturais como campo teórico-crítico nas décadas de 1960 e 1970 no Reino Unido representou um marco na história da pesquisa em cultura, comunicação e sociedade. Pela primeira vez, práticas cotidianas, mídias populares e objetos de consumo foram reconhecidos como dignos de análise intelectual rigorosa. Esse deslocamento do cânone à prática, da alta cultura à cultura ordinária, foi liderado por pensadores como Raymond Williams, Richard Hoggart e Stuart Hall. Para Williams (Moura, 2023), por exemplo, cultura não era apenas o que se consagrava nos museus e universidades, mas sim o tecido das relações sociais, o modo de vida de uma comunidade — visão que, hoje, parece quase usual, mas pode ser considerada revolucionária diante do *status* que alguns produtos e elementos culturais têm perante outros classificados como "menores" pelo fato de serem populares.

Williams se interessava por aquilo que circulava entre diferentes classes sociais. Não à toa, fascinou-se pelo teatro, observando como essa forma artística refletia e condensava as transformações sociais e culturais da Londres urbana e cosmopolita do século 20. Instigado pelas dinâmicas entre cultura popular e cultura erudita, o autor via no teatro não apenas um espaço estético, mas um dispositivo social que expressava conflitos de classe, mudanças no tecido urbano e disputas simbólicas. Esse olhar sensível para as formas culturais do cotidiano o levou a ampliar seu campo de estudo para a literatura, entendida por ele como parte de um processo social mais amplo, e, posteriormente, para a televisão, meio que via como uma nova e poderosa forma cultural. Segundo Williams, tanto o teatro quanto a TV não deveriam ser compreendidos apenas por sua técnica ou linguagem, mas por seu papel na reorganização da experiência cotidiana, do tempo social e das estruturas de sentimento que atravessam a vida moderna.

Outro autor tão relevante e extraordinário quanto Williams foi Stuart Hall. Nascido na Jamaica em 1932, ele migrou para o Reino Unido ainda jovem e tornou-se uma das figuras fundamentais das pesquisas sobre consumo, cultura e produtos culturais. Diretor do Centre for Contemporary Cultural Studies (CCCS) na Universidade de Birmingham, Hall contribuiu decisivamente para o entendimento de que os meios de comunicação de massa não apenas produzem como refletem estruturas de poder, identidades e significados. Como audiência ou público, o consumidor, para o estudioso, nunca foi um ente que assimila passivamente significados emitidos por um *publisher*[1], um canal de TV, um diretor de cinema. Os sentidos são sempre negociados. Seu ensaio seminal sobre codificação e decodificação (Hall, 2003) de mensagens televisivas demonstrou que o público não é passivo, mas ativo e capaz de resistir, negociar ou subverter os sentidos veiculados pelos meios.

Na visão de Hall, o público decodifica os conteúdos que recebe a partir de um contexto que é, em essência, diferente daquele de quem codifica. Isso permite que a audiência negocie percepções, assimilações e críticas sobre o que assiste, evidenciando que não existe simetria entre quem codifica e decodifica, mas há um espaço amplo para elaboração crítica, debates e articulações sobre a compreensão das mensagens.

A partir dos anos 1980, Hall se juntou à Open University do Reino Unido, instituição voltada para o ensino a distância e a formação de adultos trabalhadores. Lá, desenvolveu com outros pesquisadores o ambicioso programa "Culture, Media and Identities", dedicado a formar leitores críticos da cultura popular. Foi nesse contexto que surgiu a proposta do livro *Doing cultural studies — The story of the Sony Walkman*, de 1997, que tinha como objetivo demonstrar, de maneira aplicada, como se analisa um produto cultural com base em múltiplas dimensões. Hall não trabalhou sozinho. O livro é assinado também por outros pesquisadores relevantes na área, como Paul du Gay, Linda Janes, Hugh Mackay e Keith Negus, todos professores e pesquisadores da Open University.

A escolha do Walkman da Sony como objeto de estudo foi tudo menos aleatória. O pequeno dispositivo portátil, lançado em 1979, havia se tornado símbolo da cultura jovem urbana, inaugurando uma nova forma de relação entre sujeito, cidade, música e tecnologia. Ao se proporem a analisar o aparelho em profundidade, os autores fizeram um gesto político e metodológico: demonstrar que até os objetos mais banais da vida cotidiana, ainda que introduzidos pelo capital, carregam consigo significações complexas, disputas sociais e transformações culturais. Como afirmam os autores, era preciso olhar para o Sony Walkman não como um produto isolado, mas como algo que tem significado e adquire importância em vários contextos diferentes (Du Gay *et al.*, 2013, p. 3). Daí surge a proposta do *circuito da cultura*.

O circuito da cultura apresenta uma abordagem sistêmica e relacional dos processos culturais, destacando a centralidade da cultura e a interdependência entre suas principais esferas: representação, identidade, produção, consumo e regulação (Assis Junior e Moura, 2019). Longe de tratar a cultura como algo isolado ou estático, o modelo evidencia como os significados culturais são continuamente produzidos, negociados e disputados em diferentes pontos do circuito.

A representação diz respeito às formas como os significados são construídos e circulam socialmente. É por meio dela que as identidades ganham forma e conteúdo simbólico, fornecendo aos indivíduos os referenciais necessários à constituição de si e à imagem de pertencimento ao mundo. A produção, por sua vez, é compreendida de modo ampliado, não se limitando ao aspecto técnico, mas incorporando as condições materiais, simbólicas e institucionais envolvidas na criação de bens culturais. O consumo, nesse modelo, também vai além do ato de aquisição ou fruição: ele se torna um momento de apropriação ativa e de identificação simbólica, e reforça a noção de que consumir é também afirmar pertencimento e construir sentidos. A regulação, por fim, diz respeito ao conjunto de leis, normas, políticas públicas e convenções sociais que moldam o circuito cultural. Abrange de direitos universais, como o acesso à informação, a legislações específicas, como as que tratam das concessões públicas de rádio e televisão.

No caso brasileiro, por exemplo, a regulação sempre teve papel central na sustentação da indústria audiovisual, sempre dependente de políticas públicas para enfrentar o poder econômico de grandes grupos transnacionais, sejam eles os estúdios estadunidenses na produção ou as empresas de telecomunicações de capital europeu na distribuição. Embora o discurso empresarial recorra com frequência à ideia de que a regulação estatal sufoca a liberdade econômica, o histórico brasileiro demonstra o oposto: a presença do Estado tem sido condição para a existência de uma produção cultural minimamente diversa e autônoma. Até mesmo questões técnicas, como a alocação de frequências no espectro eletromagnético, tornam-se políticas, sobretudo quando se discutem restrições à posse de concessões por parlamentares ou lideranças religiosas. Assim, o circuito da cultura revela-se uma ferramenta teórica potente ao evidenciar como as dimensões da produção e da regulação estão intrinsecamente articuladas às disputas simbólicas e materiais da cultura contemporânea.

O WALKMAN COMO OBJETO CULTURAL: SUBJETIVIDADE PORTÁTIL E CULTURA MATERIAL

Assim como para Williams, para Hall, estudar cultura nunca foi um exercício estético ou erudito, mas um gesto político. Cultura, em seu sentido mais profundo, não é sinônimo de belas-artes, tradição ou patrimônio nacional. A ideia do circuito da cultura nasceu da percepção de que os objetos culturais não podem ser compreendidos de forma isolada, nem em um único momento de sua trajetória. Os cinco eixos analíticos que se inter-relacionam formam uma espécie de enlace que permite mapear como o significado cultural é construído, contestado e transformado.

Figura 1 — Circuito da cultura

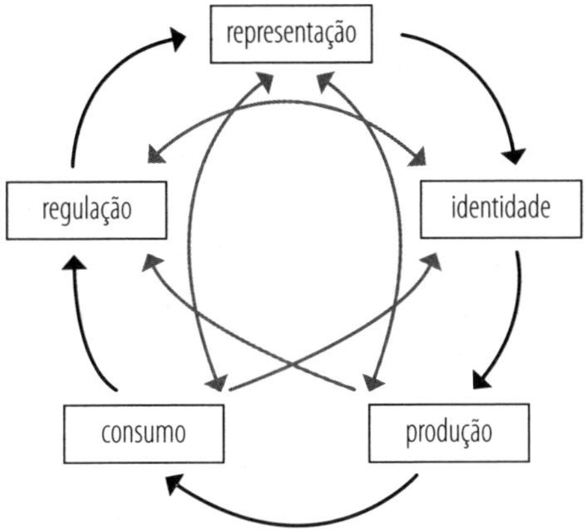

Fonte: elaborado pelo autor.

No caso do Walkman, empiria escolhida para estudo inicial, a análise revela que a Sony não apenas produziu um novo dispositivo eletrônico como também mobilizou campanhas publicitárias que construíram representações de juventude, liberdade e mobilidade. O aparelho passou a ser visto como uma extensão da individualidade moderna, um símbolo de autonomia sensorial. A representação, aqui, não é mero reflexo da produção, mas um campo autônomo de elaboração de sentidos. A identidade, por sua vez, refere-se a como diferentes grupos sociais se apropriaram do Walkman, ativando significados diversos. Para alguns, era um marcador de *status*; para outros, uma ferramenta de escape ou isolamento. Como destaca o estudo, a publicidade ajudou a construir o Walkman como símbolo de uma juventude, ou seja, parte de sua identidade, algo que iria além de seu uso funcional. Já o consumo não é tratado como ponto final da cadeia, mas como prática ativa de construção de sentido. As pessoas não querem só comprar ou usar produtos e bens culturais, mas os interpretam como algo que é parte de sua comunicação com o mundo. Assim, ouvir música com um Walkman não é apenas desfrutar da música. É editar a própria experiência urbana, montar uma narrativa pessoal enquanto se cruza a cidade, moldar o mundo ao ritmo interno do corpo. A regulação implica de normas explícitas (como proibições legais de uso em locais públicos) a convenções morais e sociais. No caso do Walkman, emergiram discussões sobre sua adequação em espaços coletivos, seu impacto na socialização e seu suposto incentivo ao individualismo.

Portanto, o valor do circuito da cultura está justamente em mostrar que todas essas dimensões vivem em relação constante. Não há produção sem representação, nem identidade sem consumo. O Walkman, assim, não é um *gadget*, mas um ponto de condensação cultural. E é por isso que o estudo não se limita ao seu aspecto tecnológico: ele se torna chave para entender como os objetos culturais reconfiguram subjetividades e práticas sociais e também são ressignificados por elas e pela lei.

DO WALKMAN AO TIKTOK: USANDO O CIRCUITO PARA ENTENDER A CULTURA AUDIOVISUAL CONTEMPORÂNEA

A lógica cultural que permitiu ao Walkman se tornar símbolo de um tempo encontra eco, décadas depois, no fenômeno dos vídeos curtos, tema deste livro. A transformação que o TikTok, os *reels* e os *stories* do Instagram e os *shorts* do YouTube impõem ao audiovisual não é apenas de formato, mas de cultura. Estamos diante de um novo arranjo de sentidos, em que a *performance* pública da intimidade se torna moeda social e o tempo do consumo se fragmenta em *loops* de 15 segundos a poucos minutos. O *feed* é o novo espaço público, um espaço privado tornado visível, performado, acessível a todos mediante um cadastro e codificado segundo a lógica algorítmica. Se o Walkman dava ao sujeito o poder de escolher o que escutar no trajeto urbano, os vídeos curtos lhe permitem editar a própria imagem em tempo real, participar de tendências coletivas, construir (e reconstruir) sua identidade performática. A cultura digital atual exige visibilidade constante e engajamento imediato e reorganiza, como o Walkman fizera antes, os modos de estar no mundo.

Assim, o circuito da cultura ainda é uma ferramenta pertinente para entender essa reconfiguração. Produção, representação, identidade, consumo e regulação continuam articulados, mas em novos arranjos. A produção é descentralizada, mediada por plataformas e influenciadores. A representação é moldada, por exemplo, por memes, *trends* (tendências do TikTok) e desafios. A identidade se torna fluida, remixada, orientada por novas estéticas e capital de visibilidade social. O consumo é veloz, contínuo, moldado por algoritmos. E a regulação se desloca do Estado para as regras opacas, privadas e mutáveis das plataformas.

A lição de Hall e dos teóricos dos estudos culturais, portanto, permanece atual: os objetos culturais são arenas de luta. Ao estudar o Walkman, não estamos olhando para o passado com nostalgia, mas aprendendo a ver no presente os mesmos mecanismos de disputa de sentido — agora potencializados por tecnologias que operam em escala global e velocidade algorítmica. Entender os vídeos curtos como cultura, e não apenas como entretenimento, é reconhecer que há neles uma nova gramática social em formação que vai reconfigurar as lógicas de produção de vídeo. Uma gramática que exige, mais do que nunca, instrumentos analíticos capazes de ir além do visível.

Nesse sentido, o circuito da cultura é um mapa precioso para navegar em tempos de aceleração. É importante considerar que os estudos culturais chegaram ao Brasil sobretudo a partir da década de 1990, por meio de traduções, seminários acadêmicos e da circulação de obras de Stuart Hall, Raymond Williams, Richard Hoggart e Paul Gilroy. Embora suas ideias já circulassem timidamente nos anos 1980, foi no final dos anos 1990 e início dos 2000 que o termo "estudos culturais" passou a ser explicitamente incorporado à produção acadêmica brasileira. Instituições como a Universidade Federal do Rio de Janeiro (UFRJ) e a Universidade Federal Fluminense (UFF) tiveram papel relevante na recepção inicial do campo, sobretudo em programas de pós-graduação em Comunicação e Educação. Pesquisadores como Guacira Lopes Louro (Universidade Federal do Rio Grande do Sul), Tomaz Tadeu da Silva (Universidade Federal do Paraná) e João Freire Filho (Universidade Federal do Rio de Janeiro), embora atuando em instituições diferentes, foram fundamentais na consolidação desse campo, ainda mais ao estabelecerem diálogos entre cultura, identidade, mídia e práticas pedagógicas. Em São Paulo, instituições como a Pontifícia Universidade Católica também acolheram esse referencial em seus programas de pós-graduação em Comunicação e Semiótica. Em anos mais recentes, a Escola Superior de Propaganda e Marketing de São Paulo passou a incorporar de forma sistemática os estudos culturais nos estudos de mídia, consumo e comunicação contemporânea. A tradução de *A identidade cultural na pós-modernidade*, de Stuart Hall, em 1999, foi um marco importante na popularização do campo no país. Dessa forma, a institucionalização acadêmica dos estudos culturais no Brasil consolidou-se nos anos 1990, com ênfase inicial nas áreas de educação, comunicação e sociologia da cultura.

A CULTURA EM DISPUTA: O LEGADO DE WILLIAMS PARA ENTENDER O CONSUMO

Quando comecei a me dedicar à análise de filmes e séries, Raymond Williams foi uma das primeiras referências que me ajudaram a entender que cultura não é sinônimo de erudição, mas sim o tecido vivo das experiências sociais. Em *Como analisar filmes e séries na era do streaming* (2023), observei que Williams desloca a análise da cultura do campo das belas-artes para o do cotidiano, propondo que a cultura é um "modo de vida", ou melhor, uma totalidade vivida em determinado tempo social. Isso inclui o que se assiste na TV, os rituais de consumo de entretenimento, os afetos compartilhados em uma série ou um filme de sucesso. Essa compreensão está diretamente ligada à centralidade que Williams atribui ao consumo. Diferentemente de teorias que enxergam o consumo como reforço da ideologia dominante, ele propõe que o ato de consumir, especialmente cultura, é também uma forma de escolha, de construção simbólica e de transformação. O consumo, para Williams, é um campo de disputa. Como já escrevi antes, ele não o romantiza, mas entende que é por meio dele que as formas culturais se articulam com os modos de vida e os atravessam, algo muito alinhado com as ideias de Néstor Canclini (2001), pesquisador teórico referência na comunicação e na América Latina.

É nesse contexto que o consumo aparece como chave para entender a transformação dos modos de vida e do reflexo de determinado *Zeitgeist*, palavra alemã amplamente utilizada na academia e no mercado para sinalizar o reflexo da cultura e de um tempo social. Sua tradução direta é "espírito do tempo". Williams não condena nem celebra bens culturais. Ele os entende como parte constitutiva da experiência cultural, reflexo de determinado *Zeitgeist*. Para ele, compreender uma sociedade requer atenção não apenas aos meios de produção, mas sobretudo à forma como os produtos culturais são consumidos. Ao contrário da visão ortodoxa marxista, que via o consumo como momento passivo da reprodução capitalista, Williams reabilita o consumo como prática ativa, criativa e determinante para a mudança cultural. Mais uma vez, é uma posição reforçada até hoje por Canclini (2001), mas também muito semelhante com o que pontuou

Hall (2003) em seus escritos-referência sobre os sentidos negociados que a audiência faz ao receber determinadas mensagens.

Foi esse olhar que levou Williams a estudar a televisão como forma cultural. O autor não via a TV como um artefato menor, mas como um elemento decisivo na reorganização do tempo e da vida cotidiana — ou seja, uma tecnologia doméstica que atravessava classes sociais e reformulava hábitos. Essa transversalidade do consumo televisivo, sobretudo em um país como o Reino Unido, marcado por uma estrutura social fortemente estratificada, fascinava Williams. Para ele, o fato de a televisão ser consumida tanto por operários quanto por empresários, por exemplo, indicava um fenômeno novo na organização da cultura cotidiana.

Como argumenta Williams (2011), a lógica de uso da televisão não é determinada unicamente por sua tecnologia. Esta só adquire forma cultural na medida em que é apropriada e consumida socialmente. A televisão, nesse sentido, realiza seu poder cultural na casa das pessoas, e não apenas no mercado — e é aí que sua análise se torna uma crítica profunda aos modos de vida mediados por imagens. Em seu estudo, Williams argumenta que a TV institui um novo tipo de fluxo, em que as mensagens não aparecem mais isoladas, mas articuladas como uma sequência contínua de programas, intervalos, anúncios, notícias e ficção. Isso produz um tipo de experiência cultural contínua, integrada ao cotidiano doméstico e às dinâmicas de classe e gênero. Em seu entendimento, a televisão não apenas reflete o que a sociedade é, mas ajuda a formar o que ela virá a ser.

Em meu livro anterior (Moura, 2023), relacionei esse conceito de reflexo do tempo social ao de *estrutura de sentimentos*, que Williams desenvolve para explicar as sensibilidades coletivas que atravessam um período histórico antes mesmo de se articularem racionalmente. Obras como *Ruptura* (Apple TV+) ou *Euphoria* (HBO Max) captam essas atmosferas emocionais ainda em formação, mas já profundamente significativas. A TV não apenas representou e representa essas emoções coletivas: ela as organiza, estabiliza e torna visíveis.

Além disso, pela *estrutura de sentimentos*, Williams nos oferece uma chave essencial ao propor que a cultura deve ser pensada em sua dinâmica interna, entre formas dominantes, emergentes e residuais. Essa perspectiva é fundamental para entender as disputas atuais no consumo audiovisual. A televisão dos anos 1970 representava, para Williams, a entrada de novas sensibilidades e rotinas culturais no lar moderno. Hoje, o mesmo pode ser dito da cultura de plataformas e dos vídeos curtos: o *feed* substitui a grade televisiva como operador de atenção, afetos e rotinas. Por isso, estudar a cultura exige olhar com atenção para o consumo, não como um ponto final da cadeia produtiva, mas como lugar de inflexão histórica — talvez o mais relevante, em que se manifesta o desejo, a crítica, a adaptação. Williams entendia isso com clareza: o que consumimos não é só entretenimento, mas sim uma maneira de sentir o mundo e de pertencer a ele.

DA SALA À SEGMENTAÇÃO: COMO A TV REORGANIZOU O ENTRETENIMENTO

A trajetória da televisão como meio cultural passou por um deslocamento profundo: do modelo gregário e coletivo para um modelo segmentado e atomizado de consumo. Ainda que a televisão continue a oferecer conteúdo de apelo transversal, como noticiários, *reality shows* de grande audiência (como *Big Brother Brasil* e *A fazenda*) e eventos esportivos de interesse nacional (futebol, Copa do Mundo, Olimpíadas), a lógica predominante da indústria passou a ser a da diferenciação e da customização por perfil de usuário. A transição se acelerou com o avanço da TV por assinatura, que redefiniu a estrutura da oferta de programação. No lugar de uma lógica única voltada para a família inteira, emergiu uma arquitetura fragmentada, dedicada a nichos e interesses específicos.

Nos Estados Unidos, esse modelo se consolidou ao longo dos anos 1980, após o Cable Communications Policy Act de 1984, que favoreceu a expansão das operadoras e a criação de canais especializados, como HBO, CNN, ESPN, MTV e Discovery. De 1984 a 1992, investiu-se no cabeamento urbano e no desenvolvimento de conteúdo segmentado. Em 1999, pela primeira vez, os domicílios passaram mais tempo assistindo à TV paga do que à TV aberta. No Brasil, a TV por assinatura surgiu ainda de forma incipiente em 1989, com o canal UHF 29 transmitindo ESPN[2], mas se consolidou a partir de 1990, com o lançamento da TVA e, posteriormente, de NET, Sky, Vivo e Claro. Em 2011, o Brasil atingiu 11,9 milhões de domicílios com TV paga (Agência Nacional do Cinema, 2025). Esse número cresceu rapidamente, chegando a 19,6 milhões de assinantes em 2014 (*ibidem*), antes de começar a declinar na segunda metade da década, impactado por fatores como o avanço do *streaming*, a pirataria, os altos preços e a fragmentação da audiência.

Ao longo desse período, o número de canais disponíveis também se expandiu drasticamente. De algumas dezenas, nos anos 1990, os pacotes passaram a oferecer centenas de opções segmentadas por gênero, perfil demográfico e estilo de vida: canais voltados para o público feminino (Discovery Home & Health, GNT), canais infantis (Cartoon Network, Discovery Kids), canais de filmes (Telecine, HBO, TNT), esportivos (ESPN, SporTV, Fox Sports), musicais (MTV, Music Box), informativos e financeiros (GloboNews, CNN, Bloomberg). A estrutura da programação passou a atender a demandas específicas de identidade e representação, e não mais à experiência familiar coletiva. O consumo se tornou individualizado, simultâneo e fragmentado, com diferentes membros da casa assistindo a conteúdos diversos, em cômodos distintos ou por meio de múltiplos aparelhos. Esse modelo da TV segmentada abriria caminho para o que, nas redes sociais e no *streaming*, se tornaria a hiperpersonalização algorítmica do consumo audiovisual.

Apesar de suas limitações, a TV por assinatura foi precursora de um modelo segmentado de oferta que ampliou o leque de escolhas dos espectadores. No Brasil, essa transição foi intensificada pela ascensão das novas classes médias a partir dos anos 2000, que impulsionaram o consumo de entretenimento doméstico em múltiplas telas e múltiplos gêneros. Nesse contexto, a TV se transformou não apenas em vetor de segmentação, mas em laboratório para compreender um novo espectador — com mais poder aquisitivo, mais ferramentas de escolha, mais disposição para rejeitar o que não lhe interessa e maior afinidade com marcas, produtos e causas. A reorganização do entretenimento, da sala ao quarto, da tela grande ao *device* pessoal, da grade ao algoritmo, foi guiada não pela tecnologia em si, mas por uma nova cultura de consumo, e é nesse sentido que a emergência dos vídeos curtos representa o próximo capítulo dessa longa transformação.

AJUSTES DA PRODUÇÃO À LUZ DO CONSUMO

Em 2025, a TV Globo completava 60 anos no Brasil trazendo à sua grade, no nobre horário das 21h, um *remake* de um de seus maiores sucessos dramatúrgicos: a novela *Vale tudo*, produzida e exibida originalmente em 1988. A nova versão tinha um grande desafio: recuperar anos de audiência decrescente na sua faixa de programação mais nobre[3], que vinham caindo ano após ano desde o fim de *Amor de mãe* (2020-2021). Circulava entre executivos do mercado publicitário e jornalistas especializados em TV a hipótese de que os números ruins tinham chegado ao pior patamar da história devido à baixa qualidade atribuída, tanto pela crítica quanto pelo público, à antecessora de *Vale tudo*: a novela *Mania de você* (2024), que teve média de 21,2 pontos — a pior da faixa das 21h até então[4].

Mas *Vale tudo* entrou no ar e os números não reagiram. Em São Paulo, praça de referência para a medição do Ibope, que é acompanhada e noticiada diariamente pela mídia especializada, os índices se mantiveram praticamente nos mesmos patamares da novela anterior[5], frustrando a expectativa de uma recuperação baseada apenas na força do texto original, refeito para os dias atuais. O *remake* de um dos maiores clássicos da dramaturgia brasileira, celebrado por sua vilã icônica Odete Roitman, ainda não estava conseguindo, ao menos na audiência de TV, entregar mais que sua antecessora criticada.

Curiosamente, entre o histórico recente de quedas, uma novela da Globo rompeu o padrão: *Vai na fé* (2023).[6] Escrita por Rosane Svartman com uma sensibilidade calibrada para um novo público médio brasileiro — mais popular, mais diverso, mais conectado a questões identitárias emergidas nas redes —, *Vai na fé* alcançou a média de 27,8 pontos. Sua força vinha justamente de onde a TV Globo tradicionalmente hesitara em apostar: protagonistas negras, presença de personagens evangélicos e um elenco composto majoritariamente por atores e atrizes até então alijados do horário nobre[7]. *Vale tudo* também tentou se sintonizar com o novo tempo social, o *Zeitgeist*. Trouxe para o papel de Raquel Acioli, feito originalmente por Regina Duarte, a atriz Taís Araújo. Para interpretar sua filha na trama, Maria de Fátima Acioli, a Globo escolheu a atriz negra Bella Campos — movimento que gerou resistência na mídia especializada e nas redes sociais, pois muitos a acusavam de ser inexperiente e de realizar uma má interpretação[8]. Ainda assim, Bella conquistou o público com sua personagem[9], e as críticas sobre má atuação da mídia passaram a não se dirigir exatamente a ela, mas a outros membros do elenco, muitos deles, inclusive, mais experientes. Odete Roitman, interpretada em 2025 por Debora Bloch, também encontrou uma nova camada de leitura por parte do público e da mídia, desta vez quase como uma semi-heroína feminista, cuja fala direta, sarcasmo elegante e controle da cena conquistaram uma nova geração de espectadores, mais inclinada a consumir em cortes de 30 segundos do que em 50 minutos de capítulo. O fato é que o *remake* de *Vale tudo* ressoou nas redes sociais e na mídia. Ao contrário de *Mania de você*, que parecia esvaziada não só de audiência mas de engajamento do público, talvez *Vale tudo* estivesse sinalizando uma mudança no modo de consumir conteúdo. O tempo do público mudou. O jeito de acompanhar os produtos audiovisuais também.

É importante considerar que esses ajustes na representação dos produtos são tentativas de acomodá-los e adaptá-los a um consumidor não só engajado e vocal em redes sociais, mas verdadeiramente representante das potenciais massas de audiência. É um ajuste tardio, ainda que justo e efetivo em muitos casos — como o da novela *Vai na fé* —, embora insuficiente para garantir o retorno da atenção exclusiva que as produções para telas grandes, da TV linear ao *streaming*, gostariam que o público tivesse. Em diversas ocasiões, sobretudo em eventos para o mercado publicitário, a TV Globo tem afirmado discursivamente que os debates nas redes sociais têm origem em temas que ganham destaque na programação da emissora. A empresa se posiciona como uma propositora de temas, o que de fato é. Esse discurso vale tanto para seus programas de dramaturgia e jornalismo quanto para os de auditório, em que o conteúdo costuma reverberar nas redes por meio de discussões e desdobramentos. Segundo o Relatório ESG Globo 2024, a programação da TV pauta e influencia o debate público, ainda que ele se dê de forma pulverizada e nas redes sociais. De fato, a disputa pela atenção do público, seja na TV, nas redes sociais ou em outras plataformas, é uma realidade constante, assim como é a rivalidade entre a mídia tradicional e as redes criadas e geridas pelas grandes empresas de tecnologia, como o Instagram (da Meta), o TikTok (da chinesa ByteDance) e o YouTube (do Google).

Vale destacar que alguns produtos audiovisuais ainda conseguem mobilizar o debate digital nas redes sociais e na mídia. Em

2025, por exemplo, a série *Adolescência*, da Netflix, tornou-se um fenômeno ao abordar as tensões da masculinidade juvenil e viralizar entre o público jovem[10]. *Anéis do poder* (2022), do Prime Video, gerou polêmica e discussões intensas ao introduzir elfos negros em sua mitologia, mostrando como o debate sobre representação racial pode emergir com força até mesmo em universos de fantasia[11]. O *remake* de *Vale tudo* talvez tenha repercutido mais nas redes sociais e na mídia especializada do que na audiência linear. *White Lotus* (2021), da HBO, transformou sua vinheta de abertura em meme replicado em vídeos cômicos e danças improvisadas[12]. E *Ruptura* (2022), da Apple TV+, destacou-se como uma obra que gerou leituras críticas em redes e fóruns sobre o mundo corporativo[13].

Ainda assim, é ingênuo ou pretensioso afirmar que as conversas nas redes sociais são pautadas predominantemente por mídias tradicionais como a televisão ou o cinema. As redes operam por lógicas próprias — algoritmos, *trends*, linguagens visuais e microcomunidades — nas quais temas e formatos emergem e desaparecem com uma velocidade difícil de acompanhar ou de as próprias empresas de tecnologia, donas dessas plataformas, conseguirem explicar. Trata-se de um universo de consumo massivo, porém fragmentado, em que o conteúdo circula muitas vezes à margem dos grandes *players* da mídia tradicional, em fluxo contínuo e autônomo. Quantos temas surgem e desaparecem sistematicamente em redes sociais, com destaque para as *trends* do TikTok, e certamente não vêm dos meios tradicionais — e nem sequer foram cobertos em investigações jornalísticas ou usados para produzir entretenimento audiovisual? Em 2024, o TikTok e o Kwai consolidaram-se como o principal espaço de criação e circulação de tendências audiovisuais entre os jovens.

Na *trend* Wait[14], viralizada no segundo semestre de 2024, usuários de todas as idades encenavam um gesto de "pare" com as mãos ao som do verso "Wait, they don't love you like I love you", da banda Yeah Yeah Yeahs. A coreografia atravessou fronteiras culturais e ganhou uma versão nacional com a música "Lutar pelo que é meu", do Charlie Brown Jr. Outra *trend* que dominou o *feed* nesse mesmo período foi Câmera virando, baseada em uma inversão de ponto de vista: o vídeo começa com a câmera traseira filmando algo aleatório e vira abruptamente para a câmera frontal, revelando o autor da gravação de forma cômica ou embaraçosa — uma estética de erro transformada em estilo[15]. Mais polêmica, a *trend* Magras Magras Magras escancarou, ainda em 2024, a romantização da magreza em tons cômicos e problemáticos. Usuários, em especial mulheres jovens, celebravam exageradamente situações como "pegar dengue" ou "dividir Ozempic com as amigas", ironizando os esforços extremos para perder peso. A repercussão foi intensa: enquanto alguns viam humor na autocrítica, outros alertavam para os riscos de reforçar transtornos alimentares. Também de 2024, a *trend* Jato-akió, baseada em um bordão informal do *funk* paulista (inspirado na fala "já tô aqui, ó"), virou forma cômica de dizer "sim!" a convites irrecusáveis, aparecendo em vídeos e carrosséis de fotos com atividades prazerosas como viagens, festas ou refeições.

Mas nem todas as tendências são efêmeras. O caso do BookTok[16] mostra que o TikTok também pode formar novos circuitos culturais duradouros. Desde 2021, a *hashtag* #BookTok tem reunido milhões de vídeos nos quais criadores comentam livros lidos, recomendam obras, compartilham reações e memes emocionais. Em 2024, esse movimento levou *Memórias póstumas de Brás Cubas,* de Machado de Assis, ao topo das vendas da Amazon nos Estados Unidos, depois de a escritora e *podcaster* Courtney Henning Novak declarar em vídeo que se tratava "do melhor livro já escrito"[17]. O caso mobilizou novas leituras e trouxe também *Dom Casmurro* para a roda de discussões[18]. Algumas editoras passaram a integrar essa lógica à sua comunicação, ajustando tom, formato e conteúdo às dinâmicas visuais e afetivas da plataforma. O BookTok, diferentemente de *trends* episódicas, opera como uma comunidade sem mediação de crítica literária tradicional, em que a experiência de leitura é compartilhada por identificação e *performance* emocional.

Diante de um cenário de possível esvaziamento de interesse pelas mídias tradicionais, da TV aberta aos serviços de *streaming*, produtores e reguladores do setor audiovisual tentam replicar estratégias que funcionaram no passado, como fizeram na época da TV por assinatura: criar cotas, garantir espaço para a produção nacional, estruturar políticas de fomento. No entanto, se o desejo do público está se reorganizando em torno de outros formatos, plataformas e temporalidades, qualquer regulação enfrentará limites claros. Regular a oferta sem considerar a transformação da demanda é correr o risco de construir estruturas para um público que já não está mais lá.

POTENCIAIS E LIMITES DA REGULAÇÃO

O Brasil tem um histórico instável no que concerne à regulação do audiovisual. Da formação de seu sistema televisivo — com concessões públicas distribuídas sem critérios claros e frequentemente atreladas a interesses políticos — à consolidação tardia de políticas públicas para o setor, a trajetória brasileira é marcada por descontinuidades, lacunas e disputas. Durante décadas, a regulação se concentrou nos aspectos técnicos da radiodifusão, como concessões e alocação de espectro, negligenciando a complexidade cultural, simbólica e econômica do audiovisual como indústria e como expressão de identidades sociais.

Essa lógica começou a ser tensionada com mais força no início dos anos 2000, sobretudo a partir das discussões em torno da televisão por assinatura. Nesse sentido, a promulgação da Lei n. 12.485/2011 foi um marco histórico. A lei estabeleceu cotas de conteúdo nacional e independente nos canais pagos e articulou uma tentativa de reequilibrar o mercado, até então dominado por programadoras estrangeiras e canais replicadores de formatos importados. Mais do que uma medida técnica, a nova regulação procurava fomentar uma indústria audiovisual própria, garantindo espaço e fôlego para produtores locais, ampliando a diversidade de vozes e consolidando o audiovisual como setor estratégico da economia criativa brasileira.

Os efeitos foram concretos. O número de produções registradas na Agência Nacional do Cinema (Ancine) cresceu substancialmente, novos polos de produção se fortaleceram além do eixo Rio-São Paulo e um ecossistema de criação, distribuição e exibição se articulou em torno da ideia de que era possível e necessário investir em conteúdos que expressassem a complexidade da sociedade brasileira. Essa regulação, embora virtuosa na idealização, também encontrou limites importantes na prática: muitos conteúdos eram produzidos apenas para cumprir cotas, sem preocupação com qualidade ou engajamento, e os hábitos de consumo começaram a se deslocar rapidamente para outros formatos e suportes.

A emergência dos serviços de *streaming* reconfigurou por completo esse cenário. Plataformas digitais passaram a operar com total liberdade regulatória, oferecendo catálogos amplos, algoritmos de recomendação e uma experiência de consumo mais centrada no espectador. O *streaming* instaurou uma lógica de acesso contínuo, fragmentado e personalizado, forçando a uma readaptação das estruturas de produção, distribuição e financiamento tradicionais. Diante disso, surgiram discussões sobre a necessidade de uma regulação específica para o vídeo sob demanda, com destaque para propostas de taxação, obrigatoriedade de investimentos locais e cotas de catálogo. Mas, diferentemente do caso da TV paga, essas propostas enfrentaram forte resistência, avançando de forma lenta e desarticulada.

Tabela 1 — Panorama internacional de políticas públicas e regulação do *streaming* no setor audiovisual

PAÍS	TEM POLÍTICA PÚBLICA ESTRUTURADA?	TIPO DE APOIO PRINCIPAL	REGULAÇÃO DO *STREAMING*
França	Sim	Fundo público	Sim
Alemanha	Sim	Fiscais + fundos regionais	Sim
Itália	Sim	Créditos fiscais + financiamento	Sim
Espanha	Sim	Créditos fiscais + fundos públicos	Sim
Reino Unido	Sim	Créditos fiscais	Parcial
Canadá	Sim	Fiscais federais e provinciais	Sim
Brasil	Sim (instável)	FSA + Leis de incentivo + Ancine	Parcial
Argentina	Sim	INCAA + cotas	Não
Coreia do Sul	Sim	Subsídios + exportação (Kofic)	Parcial
China	Sim (controle estatal)	Subsídios + cotas + censura	Sim
Austrália	Sim	Fiscais + Screen Australia	Sim
EUA	Não	Estaduais (descentralizado)	Não
Rússia	Parcial	Subsídios estatais	Sim
Índia	Fraco	Apoio esporádico/regional	Não
México	Enfraquecido	Imcine	Parcial

Fonte: elaborada pelo autor.

A questão central, contudo, talvez não esteja apenas na regulação em si. Como argumento, ajustar leis e calibrar representações é fundamental, mas pode não ser suficiente diante de uma mudança cultural mais profunda. A televisão linear, mesmo com sua capacidade histórica de mobilizar audiências massivas e sua importância simbólica na formação da identidade nacional, passou a disputar atenção com conteúdos curtos, fragmentados e cada vez mais consumidos em pequenos dispositivos, no ritmo da rolagem de *feeds* e da lógica de viralização. O espectador que antes se organizava em torno de grades fixas agora navega por múltiplas possibilidades, priorizando conveniência, identificação e recompensas rápidas. O que era histórico apenas entre as classes mais altas da população brasileira e mundial — o consumo fragmentado de meios, ou melhor, uma dispersão de interesses — torna-se um padrão transversal entre classes, idades e gêneros com a assimilação massiva das redes sociais e a aquisição de *smartphones* e internet de alta velocidade. É verdade que o Brasil, de acordo com o Instituto Brasileiro de Geografia e Estatística (IBGE), tem TVs em mais de 94% de seus lares. Mas a posse de *smartphones* se expande continuamente, tomando o lugar da TV como aparelho fundamental[19]. O acesso à internet também já é uma realidade em nove de dez brasileiros[20], fruto de iniciativas tanto privadas quanto públicas.

Também é fato que a TV por assinatura, que cresceu fortemente no Brasil a partir do consumo das novas classes médias emergentes dos anos 2000, enfrentou sua curva de declínio a partir da segunda metade da década de 2010. Em parte, por causa dos preços altos e da rigidez dos pacotes; em parte, por conta da concorrência com a pirataria e o *streaming*. Mas é preciso considerar que o público mudou suas preferências de consumo. E talvez esta seja a lição mais difícil de encarar pelo atual mercado produtor e distribuidor: nenhuma estrutura regulatória, por mais bem desenhada que seja, consegue manter viva uma forma cultural cujo consumo está perdendo apelo. No decorrer deste livro, analisaremos os dados de consumo de filmes, programas televisivos e redes sociais. De forma alguma queremos dizer que os formatos convencionais desses meios vão desaparecer. Seria impossível cravar tal prognóstico, mas, pelos aportes metodológicos que temos até o momento, e pelos dados que já se apresentaram, uma inflexão drástica está em curso.

Assim como o rádio sobreviveu se adaptando e o cinema reinventou sua experiência diante da televisão, o audiovisual tradicional, inclusive o seriado de TV, terá de encontrar novas formas de fazer sentido para públicos cuja atenção e cujo desejo já migraram para outros formatos. É nesse ponto que este livro convida o leitor a um deslocamento de foco. Se até aqui discutimos políticas, leis e representações como estratégias para garantir diversidade e sustentabilidade na produção, é hora de observar como as formas de consumo estão moldando o presente e, talvez, o futuro do audiovisual. O próximo capítulo se dedica justamente a isto: entender como as novas gerações consomem vídeos, por que os conteúdos curtos se tornaram dominantes e como até mesmo as gerações anteriores passaram a reorganizar sua atenção e seu desejo de entretenimento em torno de uma lógica nova, instantânea e atomizada.

Notas

1. Pessoa ou empresa cuja atividade principal é a produção e distribuição de conteúdo, seja ele impresso (livros, revistas, jornais) ou digital (sites, aplicativos, redes sociais). No contexto de mídia e comunicação, o *publisher* atua como veículo para a divulgação de conteúdo, seja para um público amplo ou segmentado.

2. "Em 1989, ESPN chegou ao Brasil como canal UHF e com esportes impopulares". *UOL*, 25 abr. 2016. Disponível em: https://natelinha.uol.com.br/noticias/2016/04/25/em-1989-espn-chegou-ao-brasil-como-canal-uhf-e-com-esportes-impopulares-98535.php?utm_source=chatgpt.com. Acesso em: 19 jun. 2025.

3. Dell Santo, João Paulo. "Globo enfrenta maior crise de audiência com novelas; Mania de Você lidera". *UOL*, 24 jan. 2025. Disponível em: https://natelinha.uol.com.br/audiencias/2025/01/24/globo-enfrenta-maior-crise-de-audiencia-com-novelas-mania-de-voce-lidera-221641.php. Acesso em: 16 jun. 2025.

4. Miyashiro, Kelly. "O vexame histórico no Ibope que selou o fiasco de 'Mania de Você'". *Veja*, 28 mar. 2025. Disponível em: https://veja.abril.com.br/coluna/tela-plana/o-vexame-historico-no-ibope-que-selou-o-fiasco-de-mania-de-voce/. Acesso em: 16 jun. 2025.

5. Vaquer, Gabriel. "'Vale Tudo' perde posto de novela mais vista para 'Dona de Mim' em todo o Brasil". *F5*, 7 jun. 2025. Disponível em: https://f5.folha.uol.com.br/colunistas/outro-canal/2025/06/vale-tudo-perde-posto-de-novela-mais-vista-da-tv-brasileira-para-dona-de-mim.shtml. Acesso em: 16 jun. 2025.

6. "5 motivos que fazem de Vai na Fé um fenômeno na Globo". *Na Telinha, UOL*, 10 ago. 2023. Disponível em: https://natelinha.uol.com.br/novelas/2023/08/10/5-motivos-que-fazem-de-vai-na-fe-um-fenomeno-na-globo-200527.php. Acesso em: 16 jun. 2025.
7. Vaquer, Gabriel. "Globo promete ter até 50% de negros como novos contratados até 2030". *F5*, 12 maio 2025. Disponível em: https://f5.folha.uol.com.br/colunistas/outro-canal/2025/05/globo-promete-ter-ate-50-de-negros-em-elencos-de-novelas-ate-2030.shtml. Acesso em: 16 jun. 2025.
8. Bravo, Zean. "'Vale tudo': atuação de Bella Campos como Maria de Fátima divide opiniões nas redes". *Extra*, 13 abr. 2025. Disponível em: https://extra.globo.com/blogs/telinha/post/2025/04/em-vale-tudo-maria-de-fatima-renega-rubinho-em-encontro-constrangedor.ghtml. Acesso em: 16 jun. 2025.
9. Vaquer, Gabriel. "Público aprova Maria de Fátima e aponta Bella Campos como maior acerto de 'Vale Tudo'". *F5*, 11 jun. 2025. Disponível em: https://f5.folha.uol.com.br/colunistas/outro-canal/2025/06/publico-aprova-maria-de-fatima-e-aponta-bella-campos-como-maior-acerto-de-vale-tudo.shtml. Acesso em: 16 jun. 2025.
10. Youngs, Ian. "'Adolescência': crise nas escolas exige medida radical para 'impedir que meninos machuquem meninas e a si mesmos', diz criador da série". *BBC*, 23 mar. 2025. Disponível em: https://www.bbc.com/portuguese/articles/ce98evxv537o. Acesso em: 16 jun. 2025.
11. "Racistas atacam série de 'O Senhor dos Anéis' porque 'não existem elfos negros'". Terra, 3 set. 2022. Disponível em: https://www.terra.com.br/diversao/entre-telas/racistas-atacam-serie-de-o-senhor-dos-aneis-porque-nao-existem-elfos-negros,c6bcf0ae5606ad05395a20de364266b0ucftqhvy.html. Acesso em: 16 jun. 2025.
12. Corstorphan, Max. "The White Lotus season three theme song: fans slam new opening track after viral love for season two banger". *The Nightly*, 18 fev. 2025. Disponível em: https://thenightly.com.au/culture/the-white-lotus-season-three-theme-song-fans-slam-new-opening-track-after-viral-love-for-season-two-banger-c-17762595. Acesso em: 16 jun. 2025.
13. Asmelash, Leah. "'Ruptura' reflete realidade sombria do mundo corporativo contemporâneo". *CNN*, 21 mar. 2025. Disponível em: https://www.cnnbrasil.com.br/entretenimento/ruptura-reflete-realidade-sombria-do-mundo-corporativo-moderno/. Acesso em: 16 jun. 2025.
14. Cotecco, Ana Clara. "'Wait' e 'Magras, magras, magras'": conheça 5 novas trends do TikTok". Folha, 19 nov. 2024. Disponível em: https://www1.folha.uol.com.br/folhateen/2024/11/wait-e-magras-magras-magras-conheca-5-novas-trends-do-tiktok.shtml?utm_source=chatgpt.com. Acesso em: 19 jun. 2025.
15. *Camera switching back and forth trend 2024. TikTok*, s/d. Disponível em: https://www.tiktok.com/discover/camera-switching-back-and-forth-trend-2024?utm_source=chatgpt.com. Acesso em: 19 jun. 2025.
16. Olivieri, Fernando. "O que é BookTok, fenômeno do TikTok que incentiva a leitura". *Exame*, 24 jun. 2024. Disponível em: https://exame.com/pop/o-que-e-booktok-fenomeno-do-tiktok-que-incentiva-a-leitura/. Acesso em: 19 jun. 2025.

17. "Hit no TikTok: 'Brás Cubas' é o livro mais vendido em categoria da Amazon; entenda". *InfoMoney*, 21 maio 2014. Disponível em: https://www.infomoney.com.br/consumo/hit-no-tiktok-bras-cubas-e-o-livro-mais-vendido-em-categoria-da-amazon-entenda/. Acesso em: 19 jun. 2025.
18. Dourado, Maria Luiza. "Após Brás Cubas, Dom Casmurro é a nova obra de Machado de Assis a viralizar no TikTok". *InfoMoney*, 13 jun. 2024. Disponível em: https://www.infomoney.com.br/consumo/apos-bras-cubas-dom-casmurro-e-a-nova-obra-de-machado-de-assis-a-viralizar-no-tiktok/. Acesso em: 19 jun. 2025.
19. Nery, Carmen. "Em 2022, streaming estava presente em 43,4% dos domicílios com TV". *Agência IBGE*, 9 nov. 2023. Acesso em: 4 ago. 2025.
20. Tokarnia, Mariana. "Nove a cada dez brasileiros têm acesso à internet em casa". *Agência Brasil*, 12 dez. 2024. Disponível em: https://agenciabrasil.ebc.com.br/geral/noticia/2024-12/nove-cada-dez-brasileiros-tem-acesso-internet-em-casa. Acesso em: 16 jun. 2025.

2. O que as gerações estão consumindo

Em março de 2025, o canal estadunidense CNBC, dedicado a notícias e negócios, publicou em seu canal no YouTube uma matéria que, de forma concisa e precisa, traduzia como o TikTok havia alterado o consumo de conteúdo em redes sociais. A matéria era ilustrada pelos depoimentos de diferentes jovens adultos que poderiam ser identificados como nascidos entre os anos de 1995 e 2005, ou seja, representantes legítimos daquilo que convencionamos chamar de geração Z. O conceito de geração é, por vezes, questionado por analistas de mercado e pesquisadores acadêmicos, já que ignora recortes de classe, gênero, raça e outras historicidades que, evidentemente, impedem que todos os nascidos em determinada época histórica sejam vistos como semelhantes. Mas é também um conceito que, apesar dos limites aplicáveis, continua extremamente útil, sendo amplamente usado para demarcar inflexões coletivas no que se refere a comportamento, consumo e visão de mundo.

Assim, os recortes geracionais são formas de compreender como certos grupos de pessoas, atravessados por experiências históricas específicas durante seus anos formativos, tendem a desenvolver padrões de comportamento, consumo e interpretação do mundo que permanecerão ao longo da vida, mesmo quando deixarem de ser jovens. Ao se debruçar sobre a relação da geração Z com o TikTok, a matéria da CNBC realiza esse tipo de recorte e, por isso, ajuda a compreender uma mudança cultural que não é apenas estética ou tecnológica, mas estrutural. Os jovens entrevistados afirmaram, sem rodeios, que não conseguem mais parar de rolar a tela do celular em busca de novos vídeos curtos. Declararam que um conteúdo puxa o outro, em uma lógica algorítmica que promete entregar o que é mais relevante, mas na prática apenas os mantêm presos à tela por mais tempo, com mais foco e mais exposição.

Jasmine Enberg, vice-presidente da consultoria Emarketer, especializada em marketing e mídias digitais, afirma na mesma matéria que o TikTok se tornou o verdadeiro centro da cultura jovem, não apenas como espaço de entretenimento, mas também de informação, de tendências, de compras e de repertório cultural e simbólico. De acordo com os dados apresentados pela CNBC (2025), o TikTok, criado em 2016, tem hoje mais de 1,2 bilhão de usuários ativos no mundo todo, sendo 120 milhões apenas nos Estados Unidos. No Brasil, o número impressiona ainda mais proporcionalmente: são mais de 105 milhões de usuários ativos[1]. A plataforma da chinesa ByteDance, de fato, fez do *shortform* vertical o principal formato de entretenimento digital, forçando concorrentes como YouTube, Instagram e até LinkedIn a agir. O Instagram lançou os *reels* em 2019; o YouTube, os Shorts, em 2020-2021; o Facebook Reels, em 2021. A plataforma mais recente a aderir ao vídeo como prioridade foi o LinkedIn, que em 2024 lançou seus vídeos curtos verticais voltados para o ambiente profissional. O que todos entenderam é que o formato dominante de consumo é rápido, viciante e adaptado ao algoritmo.

Diante da insistência da Meta de copiar o que outros *players* fazem de melhor, o TikTok também avançou em paralelo lançando nos Estados Unidos e no Brasil sua ferramenta de compras, o TikTok Shop, anunciada e promovida por sua equipe comercial como uma solução completa para o mercado publicitário. A ideia é que o usuário descubra produtos, considere comprá-los, efetive a compra, faça avaliações e incentive outros a comprar, tudo dentro da mesma experiência de navegação. Trata-se de um achatamento radical do que conhecemos como funil de vendas

— aquele dividido nas etapas de descoberta, consideração e ação (Moura, 2021) —, conceito que o TikTok costuma chamar de *loop* infinito[2]. Além de impactar a jornada de consumo, essa lógica da infinitude também afetou a forma como esses jovens consomem conteúdos em *longform*, seja acelerando a visualização, seja realizando outras tarefas simultaneamente. Muitos deles declararam que seria impossível voltar ao consumo tradicional de vídeos mais longos (CNBC, 2025).

De fato, os vídeos curtos não são apenas um sucesso de audiência: eles transformaram a forma como consumimos conteúdo. Três fatores podem explicar esse fenômeno: a velocidade com que os vídeos são consumidos, a personalização das recomendações e a possibilidade da rolagem de tela infinita. Psiquiatras têm alertado para a maneira como essa lógica altera os circuitos cerebrais[3]. Segundo eles, o vídeo curto ativa a dopamina de forma contínua e fragmentada, gerando um sistema de recompensa instantâneo, mas também trazendo prejuízos para a saúde mental, o sono e as conexões sociais. Ao contrário da televisão ou do cinema, que exigem atenção contínua a um arco narrativo que se desenrola, os vídeos curtos oferecem *microplots* de arcos narrativos que se resolvem em segundos, gerando estímulos recorrentes que nos fazem buscar sempre o próximo conteúdo. Outros nem mesmo consideram a necessidade de um arco narrativo: são efeitos gráficos, sonoros e visuais que se vendem como extremamente dopaminérgicos — ou, como uma vez me explicou uma aluna de 20 e poucos anos, "altamente satisfatórios" —, convidando-nos a clicar e consumir de forma unicamente sensorial, sem nenhuma pretensão de construção narrativa.

O impacto dessa mudança está desestruturando a preferência de consumo por formatos longos. Mais de 50% do tempo gasto nas plataformas da Meta é dedicado hoje a vídeos curtos, e eles são compartilhados mais de 4,5 bilhões de vezes por dia (CNBC, 2025). Para atrair mais criadores, o Instagram inclusive aumentou o tempo dos *reels* para até três minutos e lançou o Edits, seu aplicativo de edição móvel, concorrente direto do CapCut, ferramenta nativa do TikTok.

Gráfico 1 — Distribuição global de consumo de vídeos por plataforma

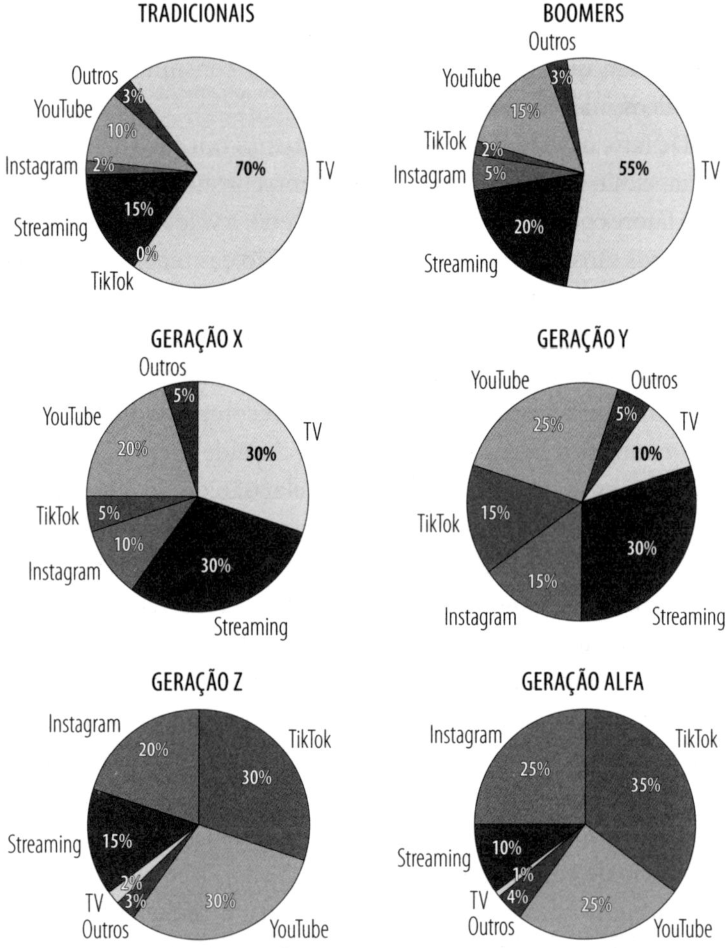

Fonte: dados elaborados com base em análises de consumo audiovisual publicadas por DataReportal (We Are Social + Meltwater), GWI (GlobalWebIndex), Deloitte (Digital Media Trends 2024), Statista, App Annie/Data.ai, Meta for Business e Pew Research Center, considerando distribuição percentual do tempo de consumo de vídeo por plataforma e geração em 2024.

O Gráfico 1 mostra que há uma transformação geracional profunda no modo como consumimos. Mas isso não se dá apenas entre os mais jovens. Quando até o LinkedIn passa a apostar nesse formato, o recado é claro: há um comportamento emergente que atravessa gerações e se torna dominante. Essa mudança, impulsionada pela lógica dopaminérgica dos vídeos curtos, será aprofundada a seguir, quando investigarmos mais a fundo o que e como as diferentes gerações estão consumindo. Para tanto, usaremos dados da Kantar Ibope Media.

BRASIL: CONSUMO DE VÍDEO POR GERAÇÃO

A Kantar Ibope Media, empresa responsável pelos famosos pontos de audiência da TV, tornou-se notável por ter promovido uma forma de mensurar a audiência total do consumo de vídeo dentro de casa pelo sistema Cross-Platform View (CPV). Com mais de quatro mil domicílios conectados, o CPV permite medir o tempo dedicado, em cada domicílio, a meios tradicionais, como TV aberta e TV por assinatura, e *streamers* pagos, como Netflix, Prime Video, Globoplay e Disney+. Mensura ainda o consumo do grande *streamer* mundial não pago, que concorre com a TV tradicional por publicidade e com a Netflix por tempo dedicado: o YouTube. Se o consumo é feito dentro de casa, por telas grandes nas TVs conectadas, ou pequenas, em *smartphones* ou tablets, o CPV da Kantar consegue contabilizar os dados. A empresa divulga esses números para o mercado periodicamente no seu site (kantaribopemedia.com), ao qual todos podem ter acesso.

Em 2024, uma disputa de narrativas entre Globo e Google sobre qual seria o maior consumo de entretenimento em vídeo dentro de casa mobilizou jornalistas e a mídia especializada na produção de matérias sobre o tema. A diretora do YouTube para a América Latina, Patrícia Muratori, participou de eventos, reportagens e premiações para gerar notoriedade sobre o avanço do

YouTube em relação à TV aberta[4]. A Globo rapidamente se posicionou, demonstrando por dados da Kantar que a TV ainda tem uma participação de consumo maior do que todos os *streamers* juntos, mesmo com o crescimento do YouTube[5]. É importante considerar que os dados ali agregados referem-se ao consumo de TV feito por todas as faixas etárias, gerações e classes sociais de um país que é desigual, sendo pertinente perguntar: será que o consumo de vídeo nos lares muda quando fazemos recortes etários?

Como assinante do *software* da Kantar, afirmo que entre os jovens o consumo de YouTube já se aproxima bastante do consumo de TV aberta no país. É um dado muito semelhante ao que a Nielsen, grande referência em medição de consumo de entretenimento em vídeo nos Estados Unidos, divulga sobre as preferências dos estadunidenses. Lá, independentemente de recortes de idade, o YouTube vem se consolidando como a grande plataforma de entretenimento em vídeo nos lares[6]. Não à toa, a plataforma também licencia conteúdos esportivos, ciente de que são um direcionador importante de aquisição de audiência e patrocínios publicitários — ainda que seu grande negócio e diferencial seja o conteúdo gerado por criadores independentes, o que torna o negócio da plataforma extremamente rentável, já que seu investimento é em tecnologia, e não em produção.

Assim como nos Estados Unidos (CNBC, 2025), a forma como se consome conteúdo em vídeo no Brasil está sendo transformada. A Kantar aponta que, entre 2019 e 2024, cresceu em 47% a proporção de brasileiros que afirmam assistir mais televisão por causa dos serviços de transmissão digitais. Não é apenas a programação ao vivo que importa: diariamente, 24% dos indivíduos que assistem a canais de TV aberta ou por assinatura recorrem a conteúdos desses mesmos *players* fora do horário original de exibição por meio de gravações ou serviços sob demanda. A posse de dispositivos também acompanha essa mudança: 60% da população já têm uma *smart TV* ou um televisor com conexão à internet.

Mas voltemos ao Brasil. Por aqui, o alcance semanal de entretenimento em vídeo no domicílio está elevado em todas as faixas. O conteúdo é consumido por 93% dos *baby boomers*, 92% da geração X, 88% dos *millennials*, 81% da geração Z e 71% da geração alfa. Cada geração, no entanto, o acessa de maneira distinta. A geração Z, por exemplo, transita entre os formatos: 66% dos indivíduos dessa faixa etária consomem tanto emissoras de TV linear quanto plataformas de vídeo. Entre a geração X, esse número sobe para 72%.

É no universo das telas pequenas, sobretudo de *smartphones*, que as gerações Z e alfa se destacam como força transformadora.

Gráfico 2 — Audiência de hora a hora, por geração, em telas pequenas (*smartphone*, *desktop* e *tablet*)

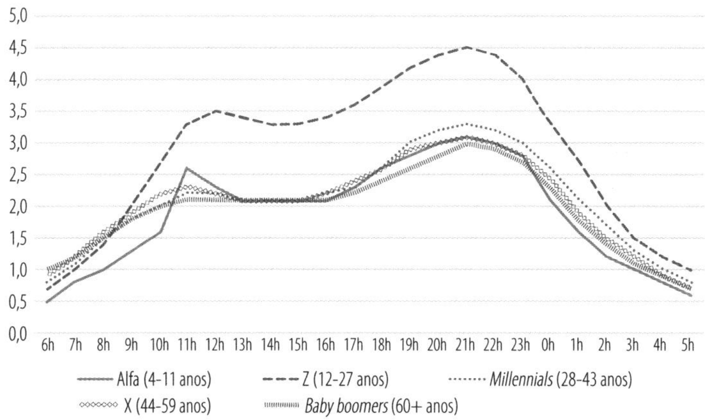

Fonte: Kantar Ibope Media | Cross Platform View | Dia Inteiro | RM-Completo | Rat% | jan-dez/24 | Telas pequenas (*smartphone*; *desktop*; *tablet*) | Total Vídeo | *millennials* (AS ABCDE 28-43); geração X (AS ABCDE 44-59); *baby boomers* (AS ABCDE 60+); geração Z (AS ABCDE 12-27); alfa (AS ABCDE 4-11).

Em 2024, a geração Z passou, em média, 1h57 por dia consumindo vídeo nesses dispositivos, 26% a mais do que a média da população. A alfa foi além: consumiu 2h10 diárias, 40% acima da média. Esses números confirmam uma inversão de prioridade nas telas: as novas gerações privilegiam conteúdos rápidos, fragmentados e adaptados à lógica de rolagem contínua.

O comportamento das crianças também é revelador. Nos domicílios com crianças menores de 12 anos, a atividade *online* mais realizada com elas é assistir a vídeos curtos. Os dados da Kantar indicam que Z e alfa, juntas, respondem por 41,8% do consumo de vídeo em dispositivos pequenos, embora eles representem 33,9% do universo analisado. Mais da metade (56%) dos indivíduos da geração Z que assistem à TV também consomem vídeo no *smartphone* — prática comum de duplicidade de telas. No TikTok, 55,4% da audiência é formada por essas duas gerações.

Talvez as gerações mais jovens não adotem os meios tradicionais — como TV, cinema e *streaming* — da forma como parte do mercado audiovisual gostaria. Isso não significa que abandonaram o formato, mas que o reinterpretam. Os hábitos criados desde a infância com conteúdos em tela vertical, vídeos curtos, *scroll* infinito e consumo multitela exigem uma ampliação de pensamento por parte dos produtores. O futuro do audiovisual poderá incluir o *longform*, mas não sem considerar que boa parte do consumo será feito em formatos mais curtos, dispositivos menores e ambientes interativos. Porém, é importante notar que o futuro não está escrito. Ele rima com o passado, mas desafia nossa capacidade de leitura analítica para tomar decisões exatas e precisas. Não à toa, estamos no campo das ciências humanas, que conta com uma complexidade multifatorial que outras áreas do conhecimento talvez possam evitar por modelos estatísticos mais rígidos e laboratórios de testes controlados. Na comunicação, na sociologia, na antropologia, entre outras, o campo é vivo e mutante. O que se apresenta, por ora, reunindo os dados e as informações que temos, é a necessidade de repensar o audiovisual não apenas como forma de narrativa longa, mas como um ecossistema de formatos e plataformas, em que a atenção é disputada segundo novas regras e novos dispositivos. Para os produtores, ampliar o leque de formatos pode ser o caminho mais promissor para que continuem relevantes diante das transformações do consumo.

ASCENSÃO OU QUEDA DAS REDES SOCIAIS?

Algumas notícias apontam que a geração Z tem consumido menos internet, valorizado o analógico e apresentado perfis extremamente discretos em redes sociais. Umas das *trends*, os "*dix*", popularizados pelo TikTok, ilustrariam como as gerações mais jovens vêm adotando uma estética de comportamento discreto e, ao mesmo tempo, irônico. "Ser *dix*" é uma reação contracultural à lógica de superexposição das redes. O termo ganhou visibilidade ao ser mal interpretado, revelando que essa busca de anonimato e neutralidade estética pode confundir gerações anteriores e o *mainstream* digital[7].

Na maior parte dos casos, são notícias efêmeras, oriundas de observações rápidas próprias de quem consome redes sociais, para atrair cliques. Porém, pesquisas mais aprofundadas e embasamento em dados não confirmam que as gerações mais jovens estão abrindo mão do tempo em tela. O Brasil, por exemplo, está entre os países com o maior consumo de redes sociais do mundo, disputando com países como Filipinas, Nigéria, Colômbia e México ("O brasileiro...", 2022). Há um crescimento histórico do percentual da população que acessa redes sociais — o WhatsApp e o Instagram são os preferidos —, mas também é possível notar um aumento consistente do TikTok (*ibidem*).

Alguns especialistas apontam para um possível esgotamento, ou uma saturação mental, do uso das redes, formulando a seguinte pergunta para a sociedade e para o mercado: para onde iremos depois de tanto excesso de telas? Surpreendentemente, vivemos algo semelhante a essa hipótese empírica nos primeiros anos da terceira década do século 21, quando o mundo se abriu para eventos ao ar livre depois da pandemia. Alguns fenômenos podem ser mapeados, como o incremento substancial das viagens — principalmente na Europa, o que gerou protestos contra turistas em cidades como Barcelona[8] e Paris[9]. Ainda é preciso investigar melhor os motivos dessa explosão de viagens, mas alguns analistas apontam que o Instagram teria mudado o comportamento dos turistas, que se acotovelam de forma constrangedora para conseguir a "foto perfeita"[10].

No Brasil, quando comparamos as receitas de 2019 e 2024 geradas por eventos de mercados como esportes, cinema e música, nota-se um crescimento no setor esportivo: os torcedores voltaram aos estádios e viajaram para acompanhar clubes e celebrar ao ar livre. Na música, apesar da percepção de que existem hoje shows e festivais em demasia, muitos deles estão lotados de frequentadores ávidos por música ao ar livre. Ainda assim, as receitas de eventos musicais recrudesceram em relação ao ano pré-pandêmico, mesmo com os incentivos pesados do governo federal para a retomada do setor[11]. O cinema entra nessa comparação porque é considerado também um evento fora do lar. No próximo tópico, examinaremos melhor a *performance* desse mercado, mas, com os dados comparativos entre 2024 e 2019, é possível notar um declínio de receitas das salas de cinema em nosso país.

O consumidor brasileiro estaria optando por passar menos tempo em casa ou diante de telas para aproveitar a vida social. Essa tendência de frequentar espaços que reúnem pessoas, mesmo que sejam privados, é, segundo especialistas, muito positiva para a saúde mental. Vale notar que alguns setores são mais beneficiados que outros, em parte por incentivos fiscais e pelo interesse do próprio público. Por outro lado, dados concretos de algumas pesquisas atestam que os jovens nascidos entre 1995 e 2010, ou seja, da geração Z, declaram sofrer emocionalmente mais do que outras gerações (McKinsey & Company, 2022). Os

Gráfico 3 — Variação percentual dos mercados de entretenimento fora de domicílio (2019 *versus* 2024)

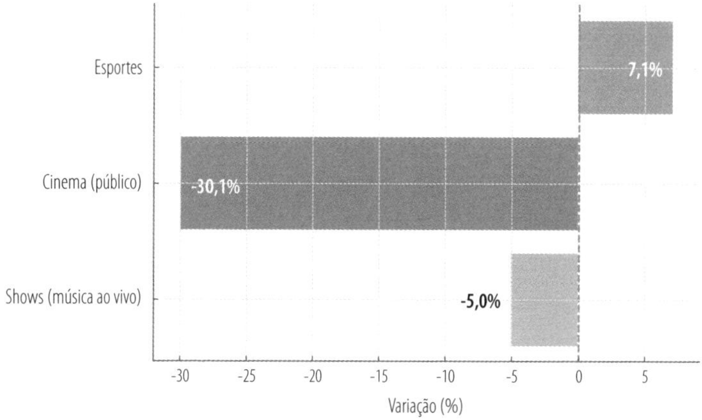

Fonte: os dados foram elaborados com base em estimativas e registros de PwC (Global Entertainment & Media Outlook 2024-2028), Ancine (Anuário Estatístico do Cinema Brasileiro), Sports Value, Ápice e reportagens do *Valor Econômico*, considerando receitas estimadas para os mercados brasileiros de música ao vivo, cinema (público convertido) e esportes antes e após a pandemia.

mesmos especialistas acreditam que, por conta de um letramento maior sobre saúde mental, há uma propensão maior de estes jovens se declararem, por exemplo, ansiosos ou deprimidos.

Porém, outros analistas e pesquisadores do tema associam um possível aumento dessa ansiedade à hiperconexão em telas e em celulares. O psicólogo estadunidense Jonathan Haidt se tornou uma das vozes mais importantes sobre o tema. Em seu livro *A geração ansiosa* (2024), ele aprofunda essa hipótese ao demonstrar, com base em ampla documentação científica, como a substituição da infância fundada no brincar por uma infância baseada no celular compromete o desenvolvimento cognitivo, emocional e social de crianças e adolescentes. Para o autor, a hiperconectividade digital alimentada por redes sociais, jogos e conteúdos de consumo rápido contribui significativamente para o aumento de transtornos mentais como ansiedade, depressão e distúrbios de sono, criando uma geração mais fragilizada emocionalmente. Haidt argumenta que, mais do que uma coincidência geracional, estamos diante de uma transformação estrutural nas formas de socialização e construção da identidade juvenil, o que exige respostas urgentes de famílias, educadores, empresas de tecnologia e do próprio poder público. O autor também recorre à explicação neurobiológica, ao mencionar os circuitos de dopamina que são ativados pelos mecanismos de recompensa utilizados pelas plataformas digitais para manter os jovens conectados. É o que veremos a seguir.

A QUESTÃO DOPAMINÉRGICA

O crítico cultural e historiador estadunidense Ted Gioia (2024) defende que a cultura contemporânea vive não apenas uma crise de produção artística e de entretenimento, mas uma reconfiguração radical de seu funcionamento. Não se trataria de um cenário polarizado entre arte e entretenimento, mas do nascimento de uma "cultura pós-entretenimento", dominada por um novo eixo de valor: a distração constante. Nessa nova lógica, o que impulsiona a economia criativa não é mais a busca de conteúdo ou sentido, mas a repetição incessante de estímulos breves — um ambiente fértil para o vício.

A dopamina é o motor bioquímico que sustenta esse novo sistema. Aplicativos como TikTok, Instagram e Kwai não apenas captam a atenção dos usuários por alguns segundos como ativam mecanismos cerebrais de recompensa que, ao serem repetidamente acionados, criam um ciclo viciante. O processo é similar ao promovido pelas casas de apostas digitais, as chamadas *bets*, tão controversas em sua operação e divulgação no Brasil[12]. Para Gioia, hoje o usuário não consome cultura: ele rola, desliza e se perde em uma maratona de microestímulos que prometem prazer, mas têm entregado apatia, como muitos psiquiatras apontam

(CNBC, 2025). Trata-se da aplicação industrial do modelo do vício, agora estendido à esfera cultural. Se antes o entretenimento devorava a arte, agora a distração devora o entretenimento. A arte, neste cenário, ocupa um lugar ainda mais marginalizado, quase residual. Afinal, plataformas digitais regidas por interesses de gigantes de tecnologia do Vale do Silício não agem como mecenas culturais. Elas não estão interessadas em encontrar o novo Mozart, como ironiza Gioia, mas em criar viciados; assim, se posicionam indiretamente como *dealers* do capitalismo de dopamina. A transformação que estamos vivendo é tão profunda que até os gigantes do entretenimento, como Disney, Warner Bros. Discovery e Globo, podem colapsar ao serem incapazes de competir com a lógica algorítmica do conteúdo instantâneo e da *gamificação* dos estímulos.

O crítico não vê esse processo como neutro. Ele também alerta para suas consequências psíquicas e sociais. O consumo repetitivo e sem propósito de vídeos curtos gera, segundo Gioia, um estado de anedonia, que é a incapacidade de sentir prazer. Essa disfunção, associada a quadros depressivos, é o resultado do colapso do sistema de recompensa cerebral. Mesmo quando o usuário continua a consumir, não o faz mais por prazer, mas para evitar o desconforto da abstinência, algo bem usual entre viciados. A cultura deixa de ser espaço de expressão simbólica e torna-se um mecanismo de regulação bioquímica.

Além do vício em si, Gioia também aponta para a erosão da experiência cultural autêntica. Ele relata o caso de uma estudante que não conseguia caminhar até a universidade sem ouvir música ou assistir a vídeos no celular. O silêncio, o pensamento autônomo, a observação do mundo, tudo isso passou a ser temido. Em seu diagnóstico, a dopamina digital está zumbificando uma geração. E, ainda que o fenômeno atinja todos os grupos etários, o foco das plataformas está nas crianças e nos adolescentes, cujo cérebro ainda está em formação, o que torna o ciclo de dependência ainda mais lucrativo e perverso.

Gioia propõe uma metáfora impactante: não vivemos sob a lógica de *1984*, de George Orwell (1949), mas sob a distopia doce de *Admirável mundo novo*, de Aldous Huxley (1932). Em vez de repressão, há euforia artificial. Em vez de censura, excesso. A cultura dopaminérgica não apenas substitui a arte e o entretenimento, mas reconfigura a subjetividade contemporânea. Nesse contexto, reorganizou conceitualmente as lógicas e intenções de produção por gêneros e formatos. No campo dos esportes, saímos da prática direta, como "jogar um esporte", passamos pelo hábito de "assistir a um esporte" e chegamos ao estágio atual de "apostar em um esporte", em que o envolvimento é mediado por estímulos financeiros e imediatistas. No jornalismo, a sequência vai dos "jornais" impressos aprofundados para o "multimídia" digital e, por fim, ao chamado *clickbait*, uma forma extrema de conteúdo feita para atrair cliques rápidos com títulos sensacionalistas. No campo do vídeo, portanto, o percurso vai do "filme e TV", que exigem atenção contínua, ao "vídeo digital" e, finalmente, aos "*reels* de vídeos curtos", que são consumidos de forma compulsiva e fragmentada. A música também sofre esse encurtamento: dos "álbuns" como obra completa para faixas soltas, até chegar às tão faladas *trends* de TikTok, nas quais a música é apenas um fragmento funcional em meio a um conteúdo feito eventualmente com danças para serem assistidas, imitadas e viralizadas. O maior êxito musical da cantora brasileira Anitta exemplifica essa trajetória de quanto uma música — que é uma expressão de uma artista pop longeva e consistente em outras frentes — torna-se fenômeno internacional por conta de uma plataforma que utiliza sua canção e sua dança para ritualizar os mesmos movimentos entre jovens do mundo inteiro[13].

Ainda de acordo com o ensaio de Gioia (2024), em relação às imagens, deixamos de "ver numa galeria", passamos a "ver no celular" e, então, para o "*scroll* no celular", marcado pela saturação de estímulos visuais sem pausa. No campo da comunicação, saímos das "cartas manuscritas" e passamos por e-mails e mensagens de voz, culminando nos "textos curtos", cada vez mais breves e instantâneos. Por fim, nas relações interpessoais, Gioia aponta que há a transformação do "namoro/casamento" em "liberdade sexual" e, hoje, em "arrastar para o lado no app", em que a interação afetiva se reduz a gestos automatizados mediados por interface. Como provavelmente também observariam os teóricos dos estudos culturais que abrem este livro, Gioia mostra que todas as áreas da cultura sofrem uma transformação de compressão temporal, superficialidade do vínculo e maximização de estímulos, num processo que culmina com a lógica dopaminérgica que estrutura o consumo e a experiência cultural contemporânea.

No campo das pesquisas acadêmicas, a lógica dopaminérgica tem mobilizado pesquisadores de diferentes frentes, com espaço para as neurociências. Só no Brasil, por exemplo, até a produção deste livro, havia mais de 1.200 pesquisas com o termo dopamina no banco de teses da Coordenação de Aperfeiçoamento de Pessoal de Nível Superior (Capes), porém praticamente metade delas nas áreas da saúde e da biologia. Apenas 14 estudos foram feitos pelas ciências humanas, estando a maioria concentrada em programas ligados às ciências psíquicas, como psicologia, neurociência cognitiva e psicobiologia. Isso revela que, mesmo dentro do campo das humanidades, o interesse pela dopamina permanece fortemente vinculado a abordagens clínicas, cognitivas e comportamentais, enquanto suas implicações socioculturais, sobretudo no consumo midiático, ainda constituem uma fronteira pouco explorada.

Notas

1. Nunes, Carolina. "Conheça os hábitos dos brasileiros no TikTok". *Extra*, 26 jan. 2025. Disponível em: https://extra.globo.com/economia/tecnologia/noticia/2025/01/conheca-os-habitos-dos-brasileiros-no-tiktok.ghtml. Acesso em: 17 jun. 2025.
2. TikTok. "The infinite loop: TikTok's unique retail path to purchase". *TikTok*, 10 fev. 2022. Disponível em: https://ads.tiktok.com/business/en-US/blog/infinite-loop-tiktok-retail-path-to-purchase. Acesso em: 17 jun. 2025.
3. "States sue TikTok, saying the app is addictive and harms the mental health of children". *PBS*, 8 out. 2024. Disponível em: https://www.pbs.org/newshour/

nation/states-sue-tiktok-saying-the-app-is-addictive-and-harms-the-mental-health-of-children. Acesso em: 17 jun. 2025.

4. Castro, Daniel. "Em ano histórico, YouTube avança sobre a TV aberta e assusta a Globo em 2024". *UOL*, 23 dez. 2024. Disponível em: https://noticiasdatv.uol.com.br/noticia/daniel-castro/em-ano-historico-youtube-avanca-sobre-a-tv-aberta-e-assusta-a-globo-em-2024-129964. Acesso em: 17 jun. 2025.

5. Kantar Ibope Media. Audiência de vídeo. Disponível em: https://kantaribopemedia.com/audiencia-de-video/. Acesso em: 17 jun. 2025.

6. Vitorio, Tamires. "YouTube domina TV em abril e 'Grey's Anatomy' lidera streaming com bilhões de minutos assistidos. *Exame*, 27 maio 2025. Disponível em: https://exame.com/tecnologia/youtube-domina-tv-em-abril-e-greys-anatomy-lidera-streaming-com-bilhoes-de-minutos-assistidos/. Acesso em: 18 jun. 2025.

7. Monteiro de Barros, Duda. "O que é 'dix'? Termo protagoniza polêmica envolvendo nora de Luciano Huck". *Veja*, 7 maio 2025. Disponível em: https://veja.abril.com.br/coluna/virou-viral/o-que-e-dix-termo-protagoniza-polemica-envolvendo-nora-de-luciano-huck/. Acesso em: 19 jun. 2025.

8. "Os moradores de Barcelona que protestam contra excesso de turistas: 'Seu Airbnb era minha casa'". *G1*, 18 jun. 2025. Disponível em: https://g1.globo.com/turismo-e-viagem/noticia/2025/06/18/os-moradores-de-barcelona-que-protestam-contra-excesso-de-turistas-seu-airbnb-era-minha-casa.ghtml. Acesso em: 19 jun. 2025.

9. Sofia, Júlia. "Louvre fecha portas em protesto contra 'overtourism', a invasão de turistas na Europa". *Veja*, 16 jun. 2025. Disponível em: https://veja.abril.com.br/mundo/louvre-fecha-portas-em-protesto-contra-overtourism-a-invasao-de-turistas-na-europa/. Acesso em: 19 jun. 2025.

10. Martiny, Jonas. "Como o Instagram redefiniu o turismo". *DW*, 21 maio 2025. Disponível em: https://www.dw.com/pt-br/como-o-instagram-redefiniu-o-turismo/a-65677207. Acesso em: 19 jun. 2025.

11. Martello, Alexandro. "Limite para benefícios ao setor de eventos foi consumido e acaba neste mês, diz Receita Federal". *G1*, 12 mar. 2025. Disponível em: https://g1.globo.com/economia/noticia/2025/03/12/limite-para-beneficios-ao-setor-de-eventos-foi-consumido-e-acaba-neste-mes-diz-secretario-da-receita-federal.ghtml. Acesso em: 19 jun. 2025.

12. Biernath, André. "Transtorno do jogo: o que acontece no cérebro de pessoas viciadas em bets". *BBC*, 19 nov. 2024. Disponível em: https://www.bbc.com/portuguese/articles/cq52lg1g898o. Acesso em: 18 jun. 2025.

13. "'El paso de Anitta': dança de 'Envolver' viraliza em países hispânicos e Anitta chega ao top 30 global". *G1*, 15 mar. 2022. Disponível em: https://g1.globo.com/pop-arte/musica/noticia/2022/03/15/el-paso-de-anitta-danca-de-envolver-viraliza-em-paises-hispanicos-e-anitta-chega-ao-top-30-global.ghtml. Acesso em: 18 jun. 2025.

3. Impactos na indústria

SABEMOS QUE O MERCADO de entretenimento ainda opera sob a lógica do *longform*, e é por isso que este livro se propõe a produzir informação sobre os formatos curtos. A maneira como a indústria nacional está estruturada se ampara na ideia de que consumimos audiovisual que privilegia a experiência em TVs tradicionais, no *streaming* e até mesmo no cinema, ainda que este esteja restrito a grandes cidades e *shoppings* (Agência Nacional do Cinema, 2024). A noção da centralidade do cinema como a forma mais relevante de audiovisual é historicamente consolidada. Essa percepção se reflete no fato de que o universo cinematográfico, de produções europeias a hollywoodianas, ainda constitui um dos pilares da nossa ideia de cultura. Enquanto celebramos o cinema e lutamos por ele, cientes, no íntimo, de quão pouco frequentamos as salas de exibição, os videogames, por exemplo, já são um mercado que fatura mundialmente mais do que o dobro do que o de filmes[1].

Quando trabalhamos na indústria audiovisual há muito tempo, estamos mais imbuídos da ideia de que o cinema, a TV e os formatos *longform* são aqueles que organizam a experiência narrativa em nosso tempo social. Em virtude disso, costumamos atribuir a esses formatos os movimentos de calibragem das representações de grupos que foram historicamente sub-representados no audiovisual, de modo que se construa cultura audiovisual mais abrangente e inclusiva — mesmo que, em muitos casos, seja pelo medo que muitas empresas têm de cancelamentos e exposição em redes sociais. E também é com foco nas janelas de TV e cinema que privilegiamos os debates sobre regulação de maneira que a indústria se mantenha viva e produtiva. Mas já é possível considerar que esse cenário está em mutação por conta da nova dinâmica de consumo iniciada pelas gerações mais jovens, e que também é acompanhada pelos adultos, dos *millennials* aos *boomers*, promovida por tecnologias de internet em banda larga nas ruas e nos lares e pela multiplicação das formas dos dispositivos de recepção que tomaram o lugar das TVs: os *smartphones*.

Os dados da Kantar mostram que, mesmo com o crescimento das plataformas de *streaming* e a multiplicidade de dispositivos móveis de acesso, a TV tradicional, tanto aberta quanto por assinatura, mantém sua relevância. Em 2024, 86% do consumo de vídeo nos domicílios ainda ocorria via TV ou CTVs (*connected TVs*), enquanto apenas 14% se distribuíam entre *smartphones*, *desktops* e *tablets* (Kantar, 2025). Quanto ao *share* entre os formatos, a TV aberta ainda liderava com 61,2%, seguida por plataformas de vídeo (30,4%) e TV paga (8,4%). Assim, há no Brasil uma manutenção do modelo televisivo como eixo da experiência audiovisual no lar. Mas, já sabemos, ao utilizar o circuito da cultura como aporte teórico-metodológico, devemos considerar que o consumo tem força predominante para alterar comportamentos e definir como a indústria e o mercado vão se estruturar. Ainda que ajustemos as demais frentes da nossa indústria mapeadas no circuito da cultura, os padrões de consumo estão sendo redefinidos pelas gerações mais jovens, aqui denominadas Z e alfa.

Nesse sentido, devemos estar atentos e nos preparar para um novo cenário de entretenimento que se avizinha e vai reconfigurar nossos negócios criativos no audiovisual. O consumo dos produtos desenvolvidos nesse mercado está sendo modificado pelo consumidor final, que é quem define para onde irão a produção e o dinheiro. Ainda que estejamos destacando o impacto causado pelo consumidor final sobre nosso mercado, é importante notar também que o consumo dos produtos audiovisuais é feito pelos distribuidores, que são o cinema, as TVs e o *streaming* e o mercado publicitário. Vejamos como essas frentes estão se readaptando e levando todo o mercado a se readaptar a essa nova realidade.

DIMENSÃO DO DISTRIBUIDOR

Desde a origem, o audiovisual esteve intrinsecamente ligado à dramaturgia cinematográfica e serial. Como discuto em *Como analisar filmes e séries na era do streaming* (2023), a lógica da serialidade não é apenas uma forma de organização narrativa, mas uma consequência direta da maneira como os meios funcionam, sobretudo a televisão. A série, seja em formato episódico ou de novela, sempre respondeu à periodicidade do meio e à necessidade de manter a atenção e o hábito do espectador, algo baseado nas tirinhas fictícias impressas nos folhetins dos jornais e periódicos que surgiram em massa durante a modernização e a industrialização do século 19. Os folhetins dramatúrgicos eram usados para garantir o interesse do leitor e, dessa maneira, a compra do jornal.

O sucesso da televisão aberta no século 20 e da TV por assinatura nos anos 2000 dependeu de uma costura semelhante, que era calcada na ficção como um dos seus pilares de maior apelo. Durante a primeira década deste século, quando a TV por assinatura do Brasil iniciava seus anos virtuosos, consolidados na década seguinte, viajei pelo país treinando atendentes e vendedores de telemarketing dos principais distribuidores da época (a Sky, a Vivo e a antiga Net, hoje chamada de Claro TV) para oferecer o que os pacotes de TV por assinatura tinham de melhor. O esporte sempre foi um componente importante de apelo de aquisição, e a ficção seriada e cinematográfica também era usada para captar mais assinantes. Um dos grandes apelos, à época, era o fato de haver episódios dos Simpsons — animação adorada pelo consumidor brasileiro — diariamente no antigo canal Fox. A rede Telecine, em seu auge, e a HBO, com suas séries e filmes premiados, compunham pacotes ainda mais caros. O Telecine, por exemplo, usava como argumento o fato de ter a menor janela de exibição entre o cinema (grande vitrine do audiovisual à época) e a TV, já que tinha entre sua composição de acionistas grandes estúdios, como Paramount, Fox, MGM e um acordo de exclusividade com a Disney. Tudo isso se desfez no mercado de *streaming*, quando esses estúdios lançaram serviços próprios e desembarcaram do Telecine, construído em parceria com a Globo.

Na fase inicial, o *streaming* operou pelas mesmas lógicas dos folhetins no século 19 e da TV nos anos seguintes, percebendo que a ficção seria — e ainda é — o principal motivador de aquisição por parte do consumidor. Não à toa, na década de 2010, enquanto seus competidores dormiam, a Netflix correu para construir um catálogo de títulos próprios e extremamente relevantes: *House of cards* (2013), *Orange is the new black* (2013) e *Stranger things* (2015), entre outros títulos, consolidaram o *streamer* como um competidor relevante de entretenimento audiovisual pago, com séries originais e exclusivas[2]. Assim, a empresa comeu pelas bordas o público que assinava TV, instigado tanto pelo conteúdo quanto pelo preço e, já naquele momento, pela facilidade de aquisição e eventual desistência — algo muito diferente das antigas operações de TV por assinatura.

Evan Shapiro foi um dos principais executivos da indústria de mídia e conteúdo pago e, hoje, é um dos mais respeitados formadores de opinião sobre esse mercado. Ele se denomina um cartógrafo da mídia e do *streaming* (Shapiro, 2025). Em sua página na rede Substack, publica periodicamente informações e pesquisas sobre a área e aponta como a ficção seriada (chamada no mercado estadunidense de *scripted TV*), ao lado dos esportes, é ainda a grande isca para que os *streamers* adquiram assinaturas. Consultorias que atenderam grandes estúdios e empresas de conteúdo no mundo todo (caso da Globo, que contratou a Accenture[3]) recomendaram que estes transferissem seus negócios de conteúdo pago para o *streaming* diante da ascensão de um mercado conectado por banda larga, hiperpessoalizado pelo acesso a telas via *smartphones* e da decadência iminente global do modelo tradicional de TV por assinatura. Nesse novo modelo de mercado, os competidores, que "dormiam" enquanto a Netflix arrebanhava consumidores no mundo inteiro e redefinia os polos de produção audiovisual num modelo estruturado globalmente, pararam de licenciar seus conteúdos para o *player*, até então desprezado, e investiram em tecnologia para montar aplicativos de *streaming* e estruturas de atendimento direto ao consumidor — ou D2C, como se diz no jargão corporativo — sem precisar mais passar pela intermediação de antigos distribuidores de TV por assinatura.

Em 2021, empresas tradicionais de mídia, como Disney, Warner Bros. Discovery e Globo, lançaram — ou relançaram — seus serviços de *streaming* em D2C. Foi nesse ano também que passaram a investir massivamente na formatação, no desenvolvimento e na compra de conteúdo seriado e fílmico para seus serviços, investindo inclusive mais dinheiro de produção por episódio do que historicamente se fazia na TV tradicional. Afinal, o mercado agora estava mais competitivo e exigia ainda mais qualidade (Moura, 2023). Isso foi extremamente positivo para o produtor audiovisual, inclusive no Brasil. Em 2021, a chamada *peak TV* — termo utilizado para marcar o auge da produção roteirizada — atingiu seu limite. Segundo o jornalista especializado em mídia e entretenimento audiovisual estadunidense Matthew Belloni[4], esse "pico" chegou ao fim em 2023. A saturação de títulos e o baixo valor de novos conteúdos para atrair assinantes, somados à alta rotatividade de clientes — que já não demonstram fidelidade a um único serviço — e aos elevados custos de produção, levaram os serviços de *streaming* de todo o mundo a repensar suas estratégias. Desde então, Belloni aponta que o setor vive um movimento de *rightsizing*: a racionalização das estruturas de produção e distribuição para equilibrar custos e receitas. Esse fenômeno marca a transição de uma fase de crescimento acelerado para outra de ajuste e contenção, e tem impacto direto na forma como os conteúdos são comprados, distribuídos e promovidos — inclusive no Brasil, que diminuiu seu investimento em produções.

Hoje, o setor audiovisual brasileiro anseia por uma forma de regulação que movimente o mercado da forma como a Lei n. 12.485/2011 movimentou (Lima, 2019). A publicação da lei em 2011 garantiu cotas de conteúdo nacional, fomento à produção independente e regras de equilíbrio entre programadoras e operadoras. Esses dispositivos permitiram não apenas maior diversidade na oferta, mas o surgimento de um ecossistema audiovisual mais robusto, com uma cadeia produtiva ativa, mais bem distribuída e, ainda que com falhas, mais plural. Afinal, a TV por assinatura vivia seu auge de aquisição e o Brasil consolidava uma classe média constituída a partir dos programas de redistribuição de renda iniciados no governo de Fernando Henrique Cardoso e continuados pelos três primeiros governos do PT no século 21, fazendo que o país, inclusive, se mantivesse resiliente em meio à crise global de 2008 em virtude do consumo interno das famílias.

É fato que hoje, no *streaming*, há um vácuo regulatório prestes a ser sanado. Mesmo que a regulação avance e se permita girar a roda do mercado audiovisual novamente, a produção nacional ainda enfrentará um forte obstáculo: o novo comportamento do consumidor. O consumo, como nos ensina Raymond Williams, é vetor fundamental das transformações culturais. E o que se vê hoje é uma inflexão geracional e comportamental. A dominância da TV e das CTVs como aparelho principal de consumo começa a ceder espaço, em especial entre as gerações Z e alfa, para os celulares. A produção de vídeo continua intensa, mas está fragmentada em plataformas, telas e tempos diversos. Vimos, com os dados da Kantar, que boa parte do consumo audiovisual ainda se dá pela TV, mas o crescimento acelerado das *small screens* e a preferência por formatos curtos colocam em xeque a lógica de distribuição baseada em *longform* e séries episódicas tão incrementadas pelo mercado de *streaming*.

O desafio, portanto, não é apenas regular o *streaming*, mas compreender que o modelo de distribuição construído para a TV por assinatura talvez não seja suficiente para garantir a vitalidade do setor. Ainda que políticas públicas possam proteger parte da produção, o verdadeiro vetor da mudança é o consumo. Se a audiência não quiser mais consumir séries longas, não bastará exigir sua produção por meio de cotas. O ciclo de distribuição será redirecionado por onde houver atenção e engajamento, e essas rotas têm migrado para os vídeos curtos, plataformas móveis e formatos otimizados para retenção algorítmica. Nesse sentido, talvez o *streaming* não consiga replicar o modelo virtuoso da TV por assinatura porque o mundo do consumo mudou.

Diante disso, a cadeia produtiva brasileira precisa repensar sua matriz de desenvolvimento, circulação de projetos e *pitching*[5]. Veremos no último capítulo como ficar bem preparados para captar possíveis compradores tanto de *shortform* como de *longform*. Também veremos nos próximos tópicos como a reconfiguração das preferências dos compradores de formatos audiovisuais já transforma as iniciativas de produtores e criadores de formatos.

CINEMA

A estreia de *Um filme Minecraft* (2025) parecia reunir todos os ingredientes para um fenômeno cinematográfico global: uma marca consagrada entre os jovens, uma estética reconhecível e uma aposta em conteúdo familiar que tradicionalmente tem sucesso nas bilheterias. De fato, o filme atraiu o público infanto-juvenil para as salas de cinema, parecendo reativar um circuito que vinha tentando se recuperar desde a pandemia. No entanto, uma surpresa veio após a exibição do filme: inúmeros relatos nas redes e na imprensa indicaram que o público mais jovem, em sua primeira ou rara experiência no cinema, desconhecia as normas básicas do espaço, como manter silêncio, evitar o uso de celulares e recolher o lixo. As salas ficaram sujas e a experiência coletiva foi comprometida.[6]

Esse episódio não deve ser lido apenas como um problema de educação individual, mas como indício de uma transformação cultural mais profunda: a ida ao cinema deixou de ser um hábito enraizado nas novas gerações. O retorno ou a visita às salas de exibição não garantem engajamento com a etiqueta necessária para assistir a um filme porque as gerações Z e alfa não cresceram privilegiando a ida ao cinema como marco cultural de entretenimento audiovisual e possivelmente não têm mais o tempo de atenção exclusiva que um conteúdo com mais de 60 minutos exige. Em consulta à Kantar, tive acesso a dados declarados pela geração Z, que afirma, surpreendentemente, que foi ao cinema nos últimos seis meses, promovendo um crescimento de 31% para 37% entre 2019 e 2024. Mas será que esse crescimento representa, necessariamente, um fortalecimento da experiência cinematográfica como rito de consumo coletivo e motor econômico para a indústria?

O caso de *Ainda estou aqui* (2024), produção brasileira que chegou cercada de esperança como símbolo de retomada do cinema nacional pelo fato de ter ganhado o Oscar de Melhor Filme Estrangeiro em 2025, expõe outro aspecto da crise. O filme teve forte campanha institucional, presença em festivais liderada de forma extremamente carismática pela atriz Fernanda Torres, apoio de atores brasileiros e estrangeiros ao longa, além de uma celebrada cobertura de seu desempenho por veículos da área tanto no Brasil quanto no mundo. O filme parecia ser o marco de uma nova fase, mas os números ainda não sustentam esta ideia. O Gráfico 4 mostra os filmes brasileiros mais assistidos em 2024 e revela um forte descompasso entre o desempenho do líder de bilheteria e os demais títulos. *Ainda estou aqui* lidera com ampla vantagem, alcançando cerca de 2,95 milhões de espectadores em 2024, quase o dobro do segundo colocado, *Os farofeiros 2* (1,87 mi) e muito acima do restante do *ranking*. A diferença é ainda mais gritante quando comparamos com os últimos colocados: *Tô de graça*, *Turma da Mônica jovem* e *Príncipe Lu* registraram público inferior a 0,25 milhão. Essa assimetria sugere uma concentração de audiência em poucos títulos, enquanto a maioria dos lançamentos nacionais luta para alcançar relevância de público.

Gráfico 4 — Filmes brasileiros mais assistidos em 2024

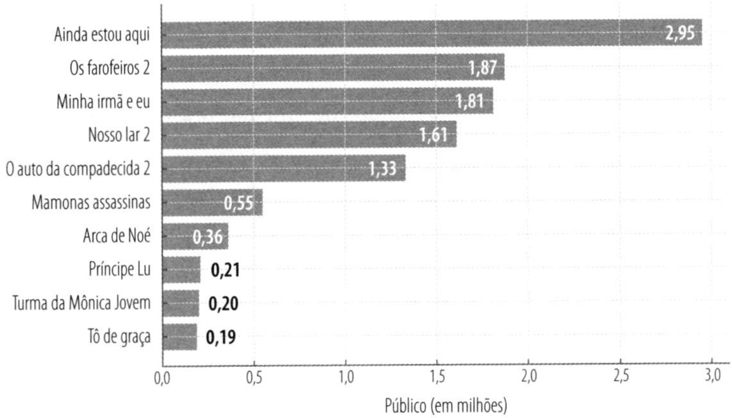

Fonte: Ancine.

Em 2025, surgiu uma nova fagulha de otimismo. *O agente secreto* (2025), novo filme de Kleber Mendonça Filho, foi agraciado no Festival de Cannes, recebendo o prêmio de Melhor Diretor e Melhor Ator (Wagner Moura). O longa foi ovacionado com 13 minutos de aplausos, e seu sucesso internacional reacendeu, entre produtores e profissionais do audiovisual brasileiro, a esperança de uma possível retomada[7]. Esse entusiasmo, no entanto, precisa ser lido com cautela, pois a história recente mostra que não basta o prestígio institucional ou o sucesso crítico para garantir a sustentação da indústria. O Gráfico 5 demonstra os ingressos vendidos no cinema no Brasil e no mundo entre 2014 e 2024. O mercado global, que mantinha cerca de 7,5 bilhões de ingressos anuais até 2019, sofreu uma queda abrupta em 2020, com a pandemia de covid-19, e vem se recuperando aos poucos. Em 2024, os números globais ainda lutavam para se aproximar dos níveis pré-pandemia, embora a tendência fosse positiva. Já o Brasil, que historicamente opera em um patamar muito inferior, mostra uma curva quase linear ao longo da série e, mesmo após o impacto de 2020, sua recuperação é tímida. Os dados indicam que o setor exibidor brasileiro permanece distante dos índices anteriores à crise sanitária, evidenciando um processo de retomada mais lento e frágil.

Gráfico 5 — Ingressos vendidos no cinema: Brasil e mundo

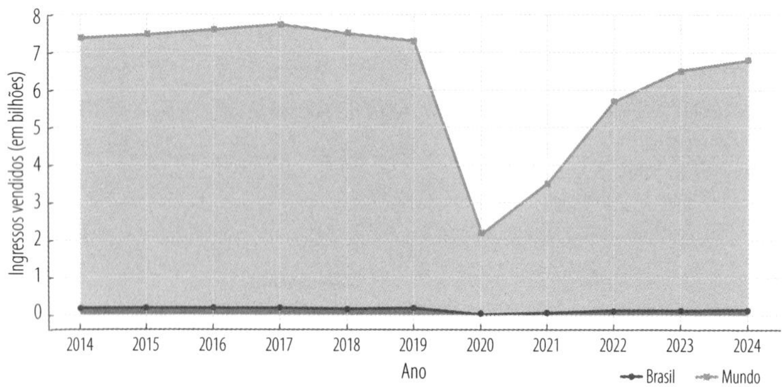

Fontes: Ancine, Statista e Global Marketing Intelligence.

Diante de um jovem habituado e até mesmo viciado em vídeos curtos, e do fato que as gerações mais velhas também diminuíram seu tempo de atenção e adquiriram o hábito de consumir vídeos curtos, dopaminérgicos e fáceis em *smartphones*, o cinema parece ter se tornado um espaço de disputa entre o desejo nostálgico de preservação da experiência coletiva e a realidade de um consumo segmentado, móvel e orientado por algoritmos. *Um filme Minecraft*, com sua estética pixelada oriunda dos *games* e sua audiência juvenil, escancarou a tensão entre o que o cinema quer ser e o que, de fato, é para o público mais jovem. *Ainda estou aqui*, por sua vez, revelou os limites da vontade institucional perante um novo padrão de consumo que não pode ser revertido por campanhas ou leis de incentivo. E *O agente secreto* mostra que o prestígio permanece possível, mas que, sem uma mudança estrutural no modo como o conteúdo é consumido, pode ser sempre mais exceção que regra. O desafio, agora, é menos salvar o cinema e mais reinventá-lo diante de uma cultura que já se moveu para outros territórios.

TV LINEAR

Em junho de 2025, a Warner Bros. Discovery anunciou a separação de suas operações em duas empresas distintas: uma dedicada ao *streaming* e a estúdios (com HBO Max, Warner Bros. Television e Motion Pictures e DC Studios, entre outros ativos de conteúdo), e outra centrada em canais lineares e TV paga, incluindo CNN, TNT Sports e Discovery[8] e demais negócios decadentes. Essa reestruturação, prevista para se concretizar em 2026, visa isolar os ativos tradicionais em declínio dos negócios digitais mais promissores. Afinal, as notícias, como as que são veiculadas pelo canal CNN, viraram *commodities* e podem ser acessadas de maneira gratuita por todos os consumidores que se interessam pelo tema. E os produtos que carregam a marca Discovery, realizados historicamente a custos baixos e tendo tido imenso sucesso no auge da TV por assinatura, não atraem uma grandes audiência no *streaming* e estão longe de ser motivadores de assinatura do serviço HBO Max. A medida da Warner responde a uma crise de sustentabilidade do modelo linear, agravada por dívidas bilionárias acumuladas desde a fusão com a Discovery, e também à necessidade de entregar resultados mais claros ao mercado.

A Disney também reconfigurou sua presença no mercado de TV linear. Desde 2021, a empresa já havia encerrado aproximadamente cem canais ao redor do mundo. No Brasil, retirou do ar diversos da antiga Fox e do Disney Channel, priorizando o crescimento de suas plataformas digitais[9]. Com isso, reforçou-se um cenário que já não era novo desde 2019: a TV por assinatura deixou de ser relevante na aquisição e encomenda de novos conteúdos audiovisuais por essas empresas. Isso significa menos demanda de projetos *longform* por esses canais, o que afeta diretamente a cadeia produtiva que antes tinha a TV paga como fonte de financiamento e exibição e foi tão potencializada na década de 2010 pela Lei n. 12.485/2011 (Lima, 2019).

Esse encolhimento da TV linear não significou um crescimento equivalente do *streaming* tradicional, como se imaginava e se projetava. Serviços de *streaming* enfrentam limitações de crescimento, seja por saturação de mercado, seja por desafios econômicos e operacionais, seja por novas preferências do consumidor. O que se vê, portanto, é um redesenho do ecossistema audiovisual: a televisão tradicional perde escala como compradora, o *streaming* racionaliza investimentos e plataformas como YouTube ganham protagonismo com conteúdo produzido por usuários. O YouTube chegou a ensaiar a produção de conteúdo original no seu serviço pago, o YouTube Premium. A iniciativa, criada em 2018, chegou a produzir uma série icônica: *Cobra Kai* (2018). Como a plataforma abandonou a produção original própria em 2020[10], a propriedade intelectual da série foi vendida à Netflix, tornando-a um dos maiores sucessos de seu catálogo.

Nada disso, entretanto, significa crise para o YouTube. Muito pelo contrário: seu serviço de *streaming* gratuito, monetizado por publicidade ou pago pelo usuário, continua extremamente lucrativo[11] com base em conteúdo produzido por criadores no mundo inteiro, que se arriscam a publicar na plataforma e crescer em audiência para, eventualmente, conseguir monetizar seus canais com anúncios vendidos pelo Google ou até com conteúdo de marca (*branded content*). Ainda assim, o YouTube tem participado da disputa por direitos de transmissão de campeonatos esportivos no Brasil e no mundo[12], pressionando o valor dos direitos, agora disputados não só por tradicionais canais de TV aberta ou paga, mas também por *streamers* pagos.

Um dos fenômenos da TV linear no Brasil, a Cazé TV, marcou a reconfiguração da distribuição de conteúdo esportivo no Brasil ao viabilizar a transmissão da Copa do Mundo de 2022 em plataformas digitais com apoio direto do YouTube. A parceria entre a LiveMode, produtora responsável pelo canal, e o *streamer* do Google garantiu não apenas exclusividade na plataforma, mas também financiamento estratégico, posicionando o canal como uma alternativa à televisão tradicional. Isso ilustra que o YouTube passou a operar não apenas como espaço de distribuição, mas também como investidor e articulador de grandes eventos ao vivo, desafiando frontalmente a hegemonia da TV aberta e da TV por assinatura. A Cazé TV consolidou o carismático influenciador Casimiro Miguel como figura central na mediação esportiva digital e tornou-se símbolo da migração de grandes audiências para ambientes antes dominados por vídeos por demanda, agora reconfigurados para transmissões em tempo real com forte engajamento comunitário.

Além da TV paga tradicional e do *streaming* por assinatura, outra alternativa que ganhou notabilidade foi a dos chamados canais Fast (*free ad-supported streaming television*). Esse modelo resgata a lógica da grade linear segmentada por temas, gêneros e formatos (muito parecida com a TV por assinatura), mas no ambiente digital e com acesso gratuito por TVs conectadas ou aplicativos em celulares, *tablets* ou *desktop*. O modelo é sustentado exclusivamente por publicidade. Plataformas como a Pluto TV — pioneira nesse formato e pertencente à Paramount —, além de Samsung TV Plus, LG Channels e Roku Channel, operam dezenas, às vezes centenas, de canais que transmitem conteúdo 24 horas por dia. No Brasil, além da própria Pluto TV, *players* como a Samsung TV Plus e o Globoplay vêm tentando ocupar esse novo espaço buscando atenção do consumidor e do mercado publicitário. A Globo, inclusive, testou o formato com o lançamento de alguns canais Fast de acervo, como o canal do GE (Globo Esporte), o Receitas, os canais de novela Viva70, Viva80 e Malhação, além do canal D.P.A. (Detetives do Prédio Azul) — este especificamente em busca da criançada que abandonou a tela grande. No entanto, sua atuação, hoje, está contida, sinalizando possivelmente que a emissora não enxerga o modelo como uma revolução, mas como uma possibilidade complementar ou experimental dentro de um portfólio mais amplo.

De fato, apesar do entusiasmo inicial, os canais Fast não se consolidaram como o futuro do consumo de entretenimento audiovisual. Seu papel é relevante como alternativa gratuita — e, no caso dos programadores de conteúdo, como Globo e Paramount, como forma de escoamento e monetização de acervos e bibliotecas de estúdios —, mas não alcançaram escala nem centralidade na experiência de consumo, sobretudo entre os públicos mais jovens. Esses canais contribuem para uma ainda maior pulverização da audiência em telas grandes, ao mesmo tempo que desafiam as empresas quanto à viabilidade de seus modelos publicitários: monetizar com base apenas em volume e tempo de exposição, sem dados sólidos sobre engajamento ou conversão, torna-se um desafio crescente. Em resumo, os Fast ocupam um nicho importante, mas, ao que tudo indica, limitado em um ecossistema cada vez mais fragmentado e competitivo: o da TV.

STREAMING

No mesmo período em que a Disney desembarcava da TV por assinatura e a Warner Bros. Discovery pensava em novas maneiras de manter seu negócio sustentável, a Netflix atingia a marca histórica de mais de 300 milhões de assinantes mundialmente, optando por não divulgar mais seus números a partir de então[13]. A razão dessa decisão é estratégica: a guerra de mercado deixou de ser contra outros *streamings* e passou a mirar o YouTube, que tem mais de 2,7 bilhões de usuários mensais globalmente[14] e mais de 120 milhões de usuários que pagam pelo YouTube Premium para não precisar ver publicidade[15]. Ou seja: a Netflix, como sinônimo global de entretenimento audiovisual em *longform* pago, está mirando o universo potencial do YouTube, pois sabe que é esse número total de pessoas que o mercado publicitário considera como potencial publicitário. E, para rentabilizar ainda mais seu negócio, a Netflix acaba de entrar na publicidade, lançando planos de assinatura mais baratos que incluem a exibição de anúncios.

O *streaming* vive, desde 2022, o processo marcado pelo *rightsizing*. Trata-se de um conceito oriundo do universo corporativo dos anos 1980. Criado em resposta à ideia mais traumática de *downsizing* (que, literalmente, significa "tornar menor"), implica reconfigurar o tamanho e a estrutura de uma organização não apenas para reduzir custos, mas para operar de forma mais eficaz, estratégica e sustentável. Em vez de cortar por cortar, trata-se de ajustar constantemente tudo: pessoas, processos, investimentos. Na indústria do *streaming*, isso significa reavaliar sistematicamente o escopo de atuação das plataformas, suas produções, seus gastos, seus modelos de negócios. Não se trata apenas de produzir menos, mas de fazê-lo de forma mais inteligente. Como costuma nos lembrar Matthew Belloni em seu *podcast* semanal *The Town*, devemos considerar que, em grande parte das empresas de conteúdo tradicionais, foi o negócio de TV paga, lucrativo ao extremo, o grande financiador das iniciativas no *streaming*. Essas empresas consideravam que o declínio da TV por assinatura se daria em tempo hábil de tornar rentáveis suas plataformas de *streaming*, o que não ocorreu.

Com a saturação do modelo de crescimento idealmente ilimitado do *streaming* via expansão da base de assinantes, o mercado passou a enfrentar restrições graves de capital. O tempo dos orçamentos infinitos deu lugar à busca de assertividade e muita experimentação. É o que especialistas nesse mercado, como Shapiro e Belloni, destacam em suas análises: as plataformas foram obrigadas a repensar o que realmente faz sentido continuar financiando, que produtos têm impacto real na base de assinantes e como reduzir os riscos de uma operação deficitária. A palavra-chave passou a ser foco. O *streaming*, antes orientado por crescimento a qualquer custo — ou a custos muito altos de sua dramaturgia megalomaníaca —, passou a operar com lógica de eficiência. Produções caras demais, pouco vistas ou incapazes de gerar engajamento sustentável foram sendo descartadas em favor de conteúdos com *performance* comprovada.

Assim como a Kantar e a Nielsen, a Parrot Analytics (2025), uma das empresas de dados e métricas que atuam nesse mercado, ajuda a iluminar o novo regime operacional do *streaming* com suas análises. Ela aponta que a lógica das empresas se equilibra em dois pilares: conversão (quais conteúdos trazem novos assinantes) e retenção (quais conteúdos fazem que eles fiquem). Ficção e esportes seguem como os maiores *drivers* de aquisição. Já a retenção exige um equilíbrio mais complexo: franquias, programas contínuos, formatos com alta afinidade de nicho. Mas nem sempre essas métricas são claras. O próprio mercado correu atrás de dados sem saber ao certo quais eram os verdadeiros vetores de valor. A busca de métricas de sucesso no *streaming* virou parte da crise, e não sua solução.

No meio desse turbilhão, a Netflix consolidou-se como exceção e modelo. Ainda que também tenha diminuído seu volume de estreias, foi a única a manter uma rede global de *hubs* de produção, garantindo um fluxo constante de novidades em múltiplas regiões do mundo. Essa estratégia permite à empresa estar sempre no radar do público. Mesmo com a tendência de rotatividade de assinaturas, na qual o consumidor mantém uma ou duas plataformas fixas e alterna um terceiro serviço que assina e cancela periodicamente, a Netflix permanece como opção dominante porque sempre tem algo novo para mostrar. Essa percepção de novidade, sustentada por sua escala global, virou sua principal vantagem competitiva.

Em paralelo, algumas empresas conseguiram manter seus serviços de *streaming* pago, como o serviço de animações japonesas Crunchyroll, adquirida pela Sony em 2021, o Premiere, serviço de *streaming* de campeonatos de futebol da Globo, com foco nos jogos do Brasileirão, e a plataforma de filmes artísticos e referenciados Mubi, que visa os cinéfilos, conseguem equilibrar seus negócios ou até mesmo lucrar de maneira sólida em nichos claros de atuação. Já os competidores com catálogos mais abrangentes abriram mão de iniciativas de criação de grandes originais (como a Lionsgate[16]) e estão testando iniciativas para entender como conseguem sustentar seus negócios. Não é de estranhar, portanto, a exibição de séries da HBO, como *Sex and the city*, no catálogo da Netflix, ou o fato de a Globo passar a oferecer seus canais, antes exclusivos do Globoplay e dos serviços de TV por assinatura, no *marketplace* do Prime Video, da Amazon[17]. São experimentações de iniciativas possíveis de receita, de licenciamento a novos parceiros de distribuição, que podem auxiliar no equilíbrio do negócio D2C.

Em resumo, o *rightsizing* no *streaming* é mais do que uma contenção de despesas: é a redefinição de um modelo, sem ainda muita clareza de como ele vai se consolidar. Por ora, a quantidade deu lugar à priorização do que ainda é consumido. Nesse tabuleiro, a Netflix já reposicionou suas peças. Resta saber se os outros competidores conseguirão fazer o mesmo.

DIMENSÃO DA PUBLICIDADE

É impossível falar da transformação do consumo de vídeo sem analisar onde foi parar o dinheiro da publicidade. Em 2023 e 2024, o mercado publicitário brasileiro fechou com mais de R$ 50 bilhões de reais em investimentos líquidos. A televisão aberta e os meios tradicionais somaram cerca de 15 bilhões líquidos, tendo a TV aberta concentrado cerca de 80% desse valor, com destaque para a predominância da receita para a TV Globo, que fica com a quase totalidade dele. Mas a TV, que já foi rainha absoluta do mercado publicitário brasileiro, perdeu relevância no planejamento de mídia de boa parte dos anunciantes. Hoje, nós mesmos podemos fazer o teste: basta assistir a qualquer intervalo comercial para ver que os anúncios se tornaram escassos e, em seu lugar, entraram as chamadas institucionais e autopromoções dos canais da TV aberta e daqueles da TV por assinatura.

Enquanto isso, segundo o Interactive Advertising Bureau (IAB Brasil, 2025), mais de 37 bilhões líquidos foram destinados à publicidade na internet, mas não divididos de forma democrática. Estimativas indicam que cerca de 90% desse bolo se concentram de forma nada saudável em duas empresas, Google e Meta, num modelo questionado mundialmente já há algum tempo, mas ainda sem solução à vista[18]. O que sobra é uma disputa acirrada por cerca de R$ 4 bilhões entre portais de veículos de comunicação tradicionais (UOL, Globo.com, CNN, Terra e MSN, por exemplo) e projetos digitais independentes.

Entre os anunciantes, não é de surpreender que o vídeo virou o grande protagonista. *Banners*, botões e outros formatos tradicionais de *display ads* perderam atratividade, pois tornaram-se invisíveis para nossos olhos treinados para ignorá-los — ou são barrados por bloqueadores de anúncios em navegadores como o Safari. Até mesmo os *links* patrocinados da busca do Google, que já foram o grande destaque publicitário e captaram investimentos de negócios grandes e pequenos, também sofrem hoje questionamento por parte de anunciantes devido à transição das buscas para serviços de inteligência artificial, como o Chat GPT. Não se sabe ainda como esse mercado vai fazer essa transição, mas, quanto aos vídeos, uma coisa já é certa: vídeos curtos verticais ou horizontais na publicidade são a regra. No YouTube, os anúncios de 6 segundos, os *bumper ads*, são parte obrigatória do planejamento de mídia — equivalem ao tempo mínimo de vídeo antes de o usuário conseguir pular para o conteúdo. É nesse intervalo que uma marca precisa captar atenção, gerar impacto e entregar mensagens. Os *reels* no Instagram seguem a mesma lógica. Curtos, verticais e com linguagem nativa, são obrigatórios nos planejamentos de anunciantes e agências. As marcas sabem disso — tanto que muitos de seus conteúdos hoje nem sequer se parecem com publicidade, mas com vídeos feitos por usuários. A publicidade virou conteúdo, ou se esconde nele.

O YouTube está assumindo o papel que foi da TV aberta nas décadas de 1960 a 2010. É o *player* dominante da TV conectada e está moldando o novo padrão de consumo publicitário em vídeo da mesma forma como a TV obrigou o mercado publicitário a desenvolver-se a partir do comercial de 30 segundos. A vantagem do YouTube é ainda maior, pois não capta só as grandes marcas: há uma longa cauda de anunciantes de pequeno e médio porte que fazem publicidade em suas plataformas, como também fazem no Instagram, no Kwai e no TikTok, algo que nunca aconteceu na mídia tradicional.

No entanto, essa abertura dos formatos digitais a qualquer um que queira anunciar também traz riscos. Muitas vezes, anunciantes publicam peças sem passar por qualquer filtro de qualidade ou veracidade. É assim que surgem os anúncios problemáticos de *deepfakes*[19], com rostos e vozes de celebridades como Giovanna Ewbank[20], William Bonner[21] e Drauzio Varella[22] oferecendo prêmios, tratamentos milagrosos, fazendo posicionamentos políticos ou pedindo Pix. São todos golpes digitais sofisticados que se aproveitam da baixa regulação das plataformas e do letramento digital precário de grande parte da população.

Do lado da televisão, a tentativa de manter a atratividade para os anunciantes se dá por meio de tentativas de inovação de formatos, caso de inserções de anúncios digitais dinâmicos em serviços de *streaming* como Globoplay ou RecordPlus, e pela manutenção da comercialização de publicidade integrada ao conteúdo pelas ações de *product placement*. Nunca se viu tanta presença de marca nos programas. Seja no *Big Brother Brasil*, na novela das 21h, nas manhãs da Globo, nos domingos do SBT ou nas tardes da Rede TV! com Sônia Abrão, as marcas ainda parecem querer aparecer como parte da narrativa. Funciona? Sim, mas tem limites operacionais, pois o inventário da TV para esse tipo de iniciativa é também limitado, e a sua confecção por parte dos canais e das emissoras é trabalhosa, para não dizer artesanal; assim, em nada escalável como futuro negócio publicitário.

No campo do *branded content* em formato *longform*, os exemplos têm sido episódicos. O programa *Comprar é bom, levar é melhor*, financiado pela Havan e apresentado por Celso Portiolli, no SBT, é uma exceção como exemplo de longevidade como conteúdo de marca na TV, pois está no ar desde 2018. Fora isso, tivemos poucas iniciativas: em 2024, *Luau MTV com Corona* e o *doc-reality Deu positivo*, da GSK, exibidos em canais Fast da Paramount; o programa de moda *Toda brasileira tem*, da Renner com o canal GNT (Globo); um documentário da Lacta para o Globoplay chamado *Cocoa life*, apresentado por Rodrigo Hilbert, e alguns conteúdos originais de câmeras exclusivas com artistas financiados pela Coca-Cola durante o Rock in Rio, exibidos no Globoplay, chamados de *Coke studio*, foram exemplos pontuais, demonstrando a falta de apetite dos anunciantes por conteúdo *longform*.

O conteúdo de marca tem acontecido de forma mais contundente nos próprios canais dos anunciantes ou em parcerias com influenciadores. Os *brand channels* se tornaram plataformas de conteúdo contínuo criados pelo anunciantes, seja com influenciadores parceiros, seja em vídeos em que as marcas são as próprias protagonistas e influenciadoras (Terra, 2021), seja revelando bastidores de produção, tutoriais de uso, *reviews* de seus produtos, desafios gamificados e interações até mesmo com IAs generativas e *deepfakes* autorizados[23]. As marcas continuam testando, errando e acertando, mas investindo em iniciativas autorais e próprias de *branded content*, sem a dependência, antes comum, de parceiros tradicionais de mídia.

Como criadores e produtores, temos diante de nós um cenário em que o conteúdo deixou de ser um programa com intervalo e se transformou no próprio ambiente publicitário. As marcas querem conteúdo que se pareça com aquilo a que as pessoas assistem. E o que as pessoas assistem hoje está em vídeos curtos, muitas vezes verticais, vistos em celulares, em pequenos intervalos, entre uma tarefa e outra. Há, é claro, a lógica dopaminérgica em jogo, como vimos. Mas predomina a lógica comercial: se o consumidor adere a esses formatos, é para lá que a verba vai. O desafio está em produzir conteúdo relevante, ético e criativo nesse novo ecossistema. O modelo tradicional está ruindo. O novo ainda está sendo construído. Mas uma coisa é certa: a publicidade, como a conhecíamos, não voltará.

DIMENSÃO DO INFLUENCIADOR DIGITAL

No dia 19 de março de 2025, Fernanda Ganzarolli, uma mulher transgênero do interior de São Paulo, viralizou no Instagram ao aparecer cantando junto do cantor gospel João Igor. Em sua *live* de pregação nas ruas de Arujá, João acolheu Fernanda, que passava pelo local e pediu ao cantor que tocasse no violão um "modão"[24]. Rapidamente os dois viralizaram, ganharam fãs e se transformaram em fenômenos da internet. Suas contas no Instagram passaram de alguns milhares para mais de 700 mil seguidores em apenas 60 dias. Fernanda, que vivia em condições precárias, teve acolhimento imediato do público e de alguns anunciantes. Fez campanhas para a Netflix durante o lançamento da nova temporada da série *Black mirror*; para a 99 pelo lançamento do serviço de transporte de motos no Rio de Janeiro; e para a Avon, entre outras marcas. Todos os conteúdos foram, evidentemente, em formatos verticais e curtos, com a intenção de repetir o alcance orgânico e a celebração espontânea que a nova influenciadora teve nas redes sociais.

Hoje, Fernanda conta com mais de 800 mil seguidores e, ainda que entregue entretenimento e seja vista como uma figura inspiradora, com vídeos que alcançam milhões, busca estabelecer um vínculo de comunidade em sua conta no Instagram. Sua ascensão e seu momento ilustram de forma clara como a lógica das redes sociais vem se impondo: pressionando influenciadores a viralizar e privilegiando conteúdos no formato de *reels* ou *tiktoks* que entregam, prioritariamente, entretenimento efêmero. O entretenimento se sobrepõe à construção de comunidade. Alguns analistas de mercado já chamam esse funcionamento de "pós-social"[25], pois o que define o alcance e o sucesso hoje parece ser o conteúdo que entretém, e não necessariamente aquele que constrói vínculos temáticos, autoridade ou relacionamento com seguidores.

Fernanda Ganzarolli é um caso singular justamente porque parece compreender que o alcance pelo alcance — ou seja, a simples viralização — é efêmero. Ela sabe que, em breve, novos fenômenos ocuparão esse lugar volátil de atenção. Por isso, ainda em tempo hábil, tenta construir com seus seguidores um espaço em que possa abordar temas que os inspirem e gerem valor para sua audiência. Fernanda acredita que seus territórios editoriais como influenciadora estão ligados à simplicidade, à autenticidade e à trajetória de quem nunca teve acesso a certos espaços e, agora, se coloca como inspiração para suas "coleguinhas" ou "donas de casa", como carinhosamente chama suas seguidoras. Ela cozinha, mostra os pratos que come nos eventos que frequenta (quase sempre tradicionais, como arroz, feijão, proteína e salada), compartilha a rotina de seu gato cego Vitório, adotado antes da fama, mas hoje falecido, canta louvores a Lady Gaga e dança pagode nas festas que frequenta no interior do estado de São Paulo. A história de Fernanda ilustra o momento vivido por muitos influenciadores: o da pressão constante para manter relevância e visibilidade conforme a lógica algorítmica dos vídeos curtos. O privilégio da atenção, elemento central das redes sociais, faz que os influenciadores sejam incentivados a manter um fluxo contínuo de produção e tentativas de viralização. Isso difere de uma lógica anterior, em que a autoridade e o vínculo com o público eram construídos com base na especialização e na recorrência temática.

O cansaço é cada vez mais relatado por influenciadores e aspirantes ao posto, que disputam atenção num mercado saturado e agora enfrentam também a concorrência de criadores gerados por inteligência artificial. Aqueles que já conquistaram fama e escala continuam rentabilizando, é verdade. Mas os menores, mais segmentados, e os que ainda estão tentando entrar nesse mercado, como é o caso de Fernanda, enfrentam um futuro incerto. Para as plataformas, esse cenário é vantajoso: mais criadores geram mais conteúdo, e isso aumenta o inventário publicitário. No entanto, com exceção do YouTube e, nos Estados Unidos, do Snapchat, as plataformas ainda não dividem seu faturamento com os criadores.

O YouTube, em particular, incentiva a produção de vídeos mais longos, que permitem maior inserção publicitária (o que, mesmo com valores modestos, garante alguma remuneração ao criador). Já os formatos curtos e verticais não operam da mesma forma. O YouTube Shorts, por exemplo, remunera cerca de 4 centavos de dólar a cada mil visualizações. Ou seja, é preciso alcançar milhões para garantir alguma receita. Ainda assim, esse é o caminho possível, mesmo com limitações evidentes.

Além disso, o formato curto também desafia a produção de conteúdos pagos por marcas justamente por sua estrutura veloz e efêmera. O que vemos é uma tensão latente: enquanto as plataformas priorizam o entretenimento rápido, os influenciadores buscam, cada vez mais, estratégias de gestão de comunidade e construção de relevância. Até agora, esse equilíbrio ainda não foi alcançado. A frustração entre os criadores é crescente. Apesar da aparente facilidade de viralização — os algoritmos oferecem vídeos para além da base de seguidores em plataformas como Reels, Shorts, Kwai e TikTok —, segundo o Emarketer (CNBC,

2025), muitos influenciadores acreditam que os dias da viralização espontânea estão contados, já que o ambiente se tornou excessivamente competitivo. E, como se sabe, sucesso viral não é sinônimo de sustentabilidade. Soluções como Instagram Shop, TikTok Shop e Superchat (ou Super Stickers) do YouTube surgiram para tentar monetizar o engajamento direto com os fãs. Além disso, as plataformas passaram a permitir que criadores ofereçam conteúdo *premium* pago, com o intuito de estimular a permanência ativa dos influenciadores. Mas essas estratégias ainda não conseguiram reequilibrar o jogo.

O caso de Fernanda Ganzarolli, portanto, nos ajuda a entender uma inflexão importante: estamos vivendo uma transição de modelo, em que o entretenimento curto e veloz ganhou protagonismo, mas ainda não encontrou um caminho maduro para se tornar sustentável para a maioria dos criadores. Nesse novo ecossistema, quem conseguir construir presença e vínculo, como Fernanda tenta fazer, pode não apenas sobreviver, mas liderar a próxima fase das redes sociais. Uma fase que, quem sabe, revalorize o social, em que o entretenimento, sozinho, não sustente mais toda a atenção.

Notas

1. Sollitto, André. "Mudou de fase: mercado de games já fatura mais que o de cinema". *Veja*, 4 jun. 2024. Disponível em: https://veja.abril.com.br/tecnologia/mudou-de-fase-mercado-de-games-ja-fatura-mais-que-o-de-cinema/. Acesso em: 17 jun. 2025.

2. Bishop, Brian. "Netflix wants at least five new shows a year: 'The goal is to become HBO faster than HBO can become us'". *The Verge*, 30 jan. 2013. Disponível em: https://www.theverge.com/2013/1/29/3930560/netflix-wants-at-least-five-new-shows-a-year-the-goal-is-to-become. Acesso em: 19 jun. 2025.

3. Sacchitiello, Bárbara. "Globo unifica marcas em uma mesma estrutura a partir de janeiro". *Meio & Mensagem*, 8 nov. 2019. Disponível em: https://www.meioemensagem.com.br/midia/globo-unifica-marcas-em-uma-unica-estrutura-a-partir-de-janeiro. Acesso em: 19 jun. 2025.

4. The Town with Matthew Belonni. "The end of peak TV is finally here". *Spotify*, 6 mar. 2023. Disponível em: https://open.spotify.com/episode/1m5alQlz09haB9ADX1vIMi. Acesso em: 19 jun. 2025.

5. *Pitching* é a apresentação concisa de uma ideia ou de um negócio, termo amplamente popularizado no mercado audiovisual diante da oferta de projetos para possíveis compradores (TVs, *streamers* ou mercado publicitário).
6. Gelli, Thiago. "A histeria de 'Um Filme Minecraft': como TikTok trouxe caos aos cinemas". *Veja*, 10 abr. 2025. Disponível em: https://veja.abril.com.br/coluna/em-cartaz/a-histeria-de-um-filme-minecraft-como-tiktok-trouxe-caos-aos-cinemas/. Acesso em: 19 jun. 2025.
7. Toledo, Marina. "'O agente secreto': filme brasileiro é ovacionado por 13 minutos em Cannes". *CNN Brasil*, 18 maio 2025. Disponível em: https://www.cnnbrasil.com.br/entretenimento/o-agente-secreto-filme-brasileiro-e-ovacionado-por-13-minutos-em-cannes/#:~:text=O%20thriller%20sobre%20a%20ditadura,se%20emocionaram%20durante%20os%20aplausos. Acesso em: 19 jun. 2025.
8. Santos, Iuri. "Fusão WarnerBros Discovery virou uma dor de cabeça — e o remédio foi a cisão". *InfoMoney*, 17 jun. 2025. Disponível em: https://www.infomoney.com.br/business/fusao-warnerbros-discovery-virou-uma-dor-de-cabeca-e-o-remedio-foi-a-cisao/. Acesso em: 19 jun. 2025.
9. Carneiro, Mariana. "Disney anuncia fim de canais por assinatura no Brasil em 2025; saiba quais". *Veja*, 3 dez. 2024. Disponível em: https://veja.abril.com.br/coluna/tela-plana/disney-anuncia-fim-de-canais-por-assinatura-no-brasil-em-2025-saiba-quais/. Acesso em: 19 jun. 2025.
10. Strazza, Pedro. "Com venda de 'Cobra Kai' à Netflix, YouTube abandona de vez produção de conteúdos originais roteirizados". *B9*, 22 jun. 2020. Disponível em: https://www.b9.com.br/127926/com-venda-de-cobra-kai-youtube-abandona-producao-de-conteudos-originais-roteirizados/. Acesso em: 19 jun. 2025.
11. Lima, Malu. "Dona do Google lucra US$ 30,972 bi no 4º tri de 2024 e cresce 31%". *Poder 360*, 4 fev. 2025. Disponível em: https://www.poder360.com.br/poder-economia/dona-do-google-lucra-us-30972-bi-no-4o-tri-de-2024-e-cresce-31/. Acesso em: 19 jun. 2025.
12. Santos, Iuri. "Transmissões de futebol do YouTube no Brasil chamam atenção de operação global". *InfoMoney*, 21 jun. 2025. Disponível em: https://www.infomoney.com.br/esportes/transmissoes-de-futebol-do-youtube-no-brasil-chamam-atencao-de-operacao-global/. Acesso em: 19 jun. 2025.
13. Bradley, Bill. "Netflix ditches reporting on subscribers". *Adweek*, 17 abr. 2025. Disponível em: https://www.adweek.com/convergent-tv/netflix-ditches-reporting-on-subscribers/. Acesso em: 19 jun. 2025.
14. "YouTube completa 20 anos e domina o mercado de vídeos". *Valor Econômico*, 3 mar. 2025. Disponível em: https://valor.globo.com/patrocinado/dino/noticia/2025/03/03/youtube-completa-20-anos-e-domina-o-mercado-de-videos.ghtml. Acesso em: 20 jun. 2025.
15. Vitório, Tamires. "O império do YouTube: como um site de 20 anos segue líder no setor apesar da ameaça do TikTok". *Exame*, 23 abr. 2025. Disponível em: https://exame.com/pop/o-imperio-do-youtube-como-site-de-20-anos-segue-lider-no-setor-apesar-da-ameaca-do-tiktok/. Acesso em: 20 jun. 2025.

16. Vitorio, Tamires. "Lionsgate+ anuncia fim das atividades no Brasil". *Olhar Digital*, 29 nov. 2023. Disponível em: https://olhardigital.com.br/2023/11/29/cinema-e-streaming/lionsgate-anuncia-fim-das-atividades-no-brasil/. Acesso em: 20 jun. 2025.

17. "Canais Globo chegam ao Prime Video". *GShow*, 23 jul. 2024. Disponível em: https://gshow.globo.com/cultura-pop/famosos/noticia/canais-globo-chegam-ao-prime-video.ghtml. Acesso em: 20 jun. 2025.

18. "Pacto entre Meta e Google sobre publicidade on-line é alvo de investigação na UE e Reino Unido". *O Globo*, 11 mar. 2022. Disponível em: https://oglobo.globo.com/economia/tecnologia/pacto-entre-meta-google-sobre-publicidade-on-line-alvo-de-investigacao-na-ue-reino-unido-25428919. Acesso em: 20 jun. 2025.

19. *Deepfake* é a técnica que usa inteligência artificial para simular rostos, vozes e gestos humanos com alto nível de realismo. No audiovisual, ela desafia a noção de presença, permitindo que pessoas apareçam sem jamais terem estado ali.

20. Monteiro, Rafael. "Giovanna Ewbank desabafa após ser alvo de deepfake: 'assustador'". *CNN Brasil*, 25 mar. 2025. Disponível em: https://www.cnnbrasil.com.br/entretenimento/giovanna-ewbank-desabafa-apos-ser-alvo-de-deepfake-assustador/. Acesso em: 20 jun. 2025.

21. "Áudio de William Bonner chamando Lula e Alckmin de bandidos é falso e foi feito com ferramenta de deepfake". *Estadão*, 2 ago. 2022. Disponível em: https://www.estadao.com.br/estadao-verifica/william-bonner-lula-alckmin-deepfake/. Acesso em: 20 jun. 2025.

22. "Justiça ordena remoção de vídeos com deepfake de Drauzio Varella". *Migalhas*, 18 jun. 2025. Disponível em: https://www.migalhas.com.br/quentes/432944/justica-ordena-remocao-de-videos-com-deepfake-de-drauzio-varella. Acesso em: 20 jun. 2025.

23. Sacchitiello, Bárbara. "Elis e Volkswagen: como foi feito o comercial que mobilizou as redes sociais?" *Meio & Mensagem*, 5 jul. 2023. Disponível em: https://www.meioemensagem.com.br/comunicacao/elis-regina-volkswagen-comercial. Acesso em: 19 jun. 2025

24. "Fernanda Ganzarolli faz desabafo após vídeo com cantor gospel viralizar". *Vogue*, 28 mar. 2025. Disponível em: https://vogue.globo.com/atualidades/noticia/2025/03/fernanda-ganzarolli-faz-desabafo-apos-video-com-cantor-gospel-viralizar.ghtml. Acesso em: 20 jun. 2025.

25. As redes mudaram: saiba o que é o movimento pós-social. Disponível em: https://veja.abril.com.br/comportamento/as-redes-mudaram-saiba-o-que-e-o-movimento-pos-social/. Acesso em: 19 jun. 2025.

4. Casos curtos e relevantes

Vídeo curto não é apenas sinônimo de vídeo breve. Embora a publicidade tradicional já tenha atuado por décadas com formatos de curta duração, como os comerciais de 30 segundos da TV, e recentemente tenha aderido aos formatos ainda mais curtos do YouTube, o *shortform* vertical que emerge nas redes sociais representa uma mudança qualitativa, não apenas quantitativa. O que está em jogo não é apenas o tempo, mas, como vimos, a lógica sensorial e afetiva que estrutura a criação e o consumo desses conteúdos.

Diferentemente dos comerciais clássicos, cujo objetivo era interromper para persuadir, os vídeos curtos hoje existem para deslizar, captar o olhar; ainda que possam viciar, se propõem a entreter. Eles fluem com o *feed*, não o interrompem. Não pedem atenção: a conquistam. Operam em um novo regime de significação, fundado na lógica do afeto e da dopamina: cada *frame* precisa provocar emoção, gerar recompensa, ativar o engajamento imediato. Nesse contexto, o impacto não depende mais de argumentos racionais ou da repetição da marca, mas da capacidade de cooptar o espectador em um gesto — um olhar, uma frase, um estímulo sonoro — que funcione como gatilho emocional satisfatório.

Esse novo ecossistema não se baseia apenas na produção de conteúdo, mas na *performance* algorítmica dele. O sucesso de um vídeo curto depende de sua capacidade de circular, ser comentado, remixado, curtido, e não apenas assistido. A métrica da eficácia desloca-se da lembrança publicitária para o *loop* atencional. É a era da publicidade performativa, emocional e fragmentada.

Os casos reunidos neste capítulo mostram como essa lógica se materializa na prática: telenovelas feitas para redes sociais (hoje chamadas de microdramas), campanhas publicitárias que cabem em segundos, influenciadores que transformam a própria vida em *stories* seriados, plataformas que estruturam grades de conteúdo como se fossem emissoras de TV verticais e celebridades que se tornam mídias de si. Cada exemplo não apenas ilustra uma boa ideia — revela uma mudança de paradigma. Afinal, no universo dos vídeos curtos, não basta comunicar: é preciso prender a atenção no *scroll* infinito.

A DRAMATURGIA SERIADA DA REELSHORT

O fenômeno dos microdramas (novelas verticais curtas), popularizado por plataformas como a ReelShort, marca uma transformação radical na forma de consumir dramaturgia seriada. Com episódios de cerca de um a dois minutos, títulos como *A vida secreta do meu marido bilionário* (68 episódios), *A companheira amaldiçoada do alfa* (72 episódios) e *Doctor Boss is my baby daddy* (63 episódios) são pensados para o consumo em dispositivos móveis, em formato vertical e com ritmo narrativo frenético. Essas histórias, centradas em temas como romance tóxico, erotismo, maternidade indesejada, CEOs dominadores e amores improváveis, reproduzem a lógica das *fanfics* e webnovelas, misturando clichês emocionais com estrutura de *binge watching* (o ato de assistir sequencialmente de forma ininterrupta, originalmente associado às séries) num tempo curtíssimo.

A distribuição é feita diretamente por aplicativos como TikTok ou sites como ReelShort, operados por estúdios como a americana Crazy Maple Studio, que investem pesado em adaptações localizadas. No Brasil, por exemplo, a novela *A vida secreta do meu marido bilionário* foi produzida pela Bewings Entertainment em parceria com a Proud Films, com elenco nacional e cenários adaptados à realidade brasileira. Essa estratégia tem como foco ampliar o engajamento global por meio de tramas traduzidas, dubladas e culturalmente ressignificadas, criando um catálogo que se comporta mais como um *feed* de redes sociais do que como uma biblioteca de ficção tradicional.

Esse modelo está sendo chamado informalmente de "novelinha" ou "*soap opera snackable*", por sua capacidade de capturar a atenção em janelas de tempo muito curtas. Ao colocar o conflito máximo no centro de cada episódio, sempre com ganchos para o próximo capítulo, essas novelas apostam na compulsão por resolução emocional imediata. É uma dramaturgia feita para a lógica do algoritmo e do *autoplay*, em que o espectador, muitas vezes, assiste dezenas de episódios de uma vez sem perceber. Ao mesmo tempo que desafia os formatos clássicos de televisão e *streaming* e a atenção dedicada do consumidor às plataformas tradicionais de novelas e séries, esse novo modelo representa uma poderosa síntese entre entretenimento popular e cultura da velocidade.

ONE SECOND ADS, DA BUDWEISER: UMA NOTA BASTA

Em 2025, a Budweiser (Ambev) e a agência Africa conquistaram o Grand Prix de Áudio & Rádio no Cannes Lions com a campanha *One Second Ads*, criada para o TikTok. A proposta era simples e instigante: desafiar os usuários a reconhecer músicas icônicas a partir de vídeos de apenas um segundo, acompanhados de um estímulo sonoro. Influenciadores participaram da ativação, desafiando seus seguidores a identificar as faixas, todas associadas a artistas que se apresentaram em festivais patrocinados pela marca, como, no Brasil, o Lollapalooza e o Tomorrowland. O resultado foi um conteúdo absolutamente nativo da lógica das plataformas sociais e, ao mesmo tempo, publicitário em sua essência.

Apesar da polêmica declaração registrada no *case* em que se comemorava que a campanha foi um sucesso sem precisar pagar direitos aos artistas[1], o que está em jogo aqui vai além da criatividade celebrada em Cannes. A campanha escancara como o consumo fragmentado dos vídeos curtos não apenas altera nossos hábitos, mas também reconfigura as estruturas cognitivas envolvidas no reconhecimento e na recompensa. O público não apenas aceita interagir com conteúdos de um segundo: ele já está treinado para isso. Como explicam neurocientistas da atenção[2], o cérebro humano é uma máquina de previsão: identificar corretamente algo que se espera, como uma música a partir de uma nota, ativa o circuito dopaminérgico que reforça comportamentos. Em outras palavras, o sucesso dessa campanha não está só no *insight* publicitário, mas no entendimento profundo de como o TikTok moldou as sinapses culturais da audiência.

Mais do que entreter, a *One Second Ads* confirma uma tendência crítica: a atenção não é mais um bem a ser disputado por minutos, mas por frações de segundo. A geração Z, mais adepta da rolagem infinita e do estímulo contínuo, está mais sensível a recompensas cognitivas instantâneas e, de maneira geral, menos seduzida por narrativas lentas, complexas ou que exigem investimento de tempo sem retorno imediato. Lembremos, porém, que a atenção exclusiva das gerações mais velhas também tem sido redefinida na economia dos vídeos curtos. A Budweiser compreendeu isso ao construir uma campanha que não força a atenção, mas a respeita. Não se trata de implorar por mais segundos na tela, mas de entender que, hoje, surpreender em um segundo pode valer mais do que reter por trinta. A campanha *One Second Ads* nos obriga a repensar a natureza da publicidade, da narrativa e do próprio conteúdo audiovisual em um cenário em que o tempo se tornou a matéria-prima mais escassa — e a previsibilidade, paradoxalmente, a nova chave para engajar.

THAYNARA OG E CAIO BRAZ: INFLUENCIADORES ENTRE O ENTRETENIMENTO E A COMUNIDADE

A maranhense Thaynara OG consolidou-se como uma das influenciadoras mais consistentes na produção de vídeos curtos no Brasil, desenvolvendo uma linguagem própria baseada no humor cotidiano, no carisma regional e na narrativa em tempo real desde sua atuação no Snapchat, rede social criadora do formato dos *stories*[3] e onde a influenciadora se tornou notória antes de circular por outras redes sociais. Desde aqueles tempos, Thaynara se destacou por fazer do vertical sua estética e do improviso seu método, tudo adicionado de sua espontaneidade e seu carisma. Com a migração para Instagram, TikTok e Kwai, manteve esse estilo, criando conteúdos que flutuam entre a crônica pessoal e o comentário social leve. A força de sua presença digital está na manutenção de um "personagem real", que dialoga com o público sem a intermediação de roteiros elaborados.

Nos últimos anos, Thaynara organizou sua produção em formato de série, como os diários de seu evento exclusivo, o São João da Thay[4], um grande evento de influência digital realizado em São Luís do Maranhão. Criado em 2017, ele cresceu e se consolidou como uma das principais reuniões de influenciadores do Brasil. Ali, dezenas de celebridades digitais são convidadas para compartilhar a experiência em tempo real com seus seguidores em — adivinhe — vídeos curtos e em formato vertical. A programação inclui shows, festas típicas, comida, ações sociais e experiências imersivas na cultura nordestina, como passeios pelos Lençóis Maranhenses e apresentações de bumba meu boi. O evento mescla entretenimento, visibilidade regional e ativação de marcas patrocinadoras, como Disney, Vivo e Ambev. Além do espetáculo, parte da renda é revertida para projetos sociais voltados para a formação de jovens em áreas como saúde mental. Ou seja: é a festa junina como vitrine do marketing de influência perfeita calcada na cultura nordestina e conectada à economia digital.

Thaynara OG está presente em quase todas as redes sociais, mas é no Instagram que tem seu maior número de seguidores (cerca de 6 milhões), seguido do Snapchat (2 milhões de seguidores), onde nasceu, ainda que a rede seja pouco mencionada no Brasil. Em seu canal do YouTube, produz e apresenta alguns conteúdos mais longos, com cerca de 30 minutos, e em formato tradicional horizontal, ainda que a maior parte de seus vídeos nessa plataforma não ultrapasse os 15 minutos. A influenciadora também viveu seus dias de experimentação na TV — ou, melhor dizendo, foi a TV que aparentemente experimentou com ela. Fez incursões em programas da Globo, nos canais GNT e Multishow, onde apresentou *reality shows* de culinária e foi repórter de eventos musicais. Ao contrário da expectativa desses canais de TV, a influenciadora não transportou sua base gigante de seguidores fiéis para as telas grandes de sinal linear. Muito pelo contrário: manteve as próprias redes gigantes e até ganhou mais seguidores durante esse período. O experimento permitiu empiricamente que esses canais percebessem que levar influenciadores para a TV não recolocaria o público jovem diante das telas grandes.

Hoje, a influenciadora continua sua adaptação e transformação perene em redes sociais, transitando pelas mídias, mantendo seus maiores ativos digitais, construindo propriedades de entretenimento próprias, como seu evento de São João, e entregando o que faz de melhor e é esperado de todos os influenciadores digitais: carisma e autenticidade. Ainda que Thaynara tenha se tornado gigante numa rede em que as conversas e o senso de comunidade prevaleciam até então — o Instagram — e tenha desenvolvido o mesmo no YouTube, em que os usuários interagem consistentemente entre si e com o criador, a influenciadora é nativa de um modelo em transformação, no qual as redes sociais entregam mais entretenimento do que comunidade e pertencimento. Agora, ela experimenta seu olhar de empreendedora digital em outras frentes, procurando transferir a identidade que construiu nas redes para projetos e negócios fora dela.

Outro influenciador que merece destaque é Caio Braz, cuja trajetória revela uma postura cada vez mais rara nas redes: a de um influenciador raiz, com comunidade engajada, temas consistentes e propósito editorial claro. Ao contrário de criadores que operam majoritariamente no registro do entretenimento imediato, Caio mantém uma linha autoral que busca conexão por afinidade temática, e não apenas por viralização ou engajamento emocional. Não se trata de uma crítica ao entretenimento pelo entretenimento, que tem seu valor e sua função, mas de uma marca de distinção. Caio aposta na ideia de que é possível informar, inspirar e educar, mesmo em vídeos curtos e verticais.

Sua série sobre a China, publicada em 2025 no Instagram e no TikTok, é um exemplo de como o *shortform* pode sustentar densidade sem perder fluidez. Em episódios de até três minutos, Caio caminha por cidades chinesas narrando suas impressões, articulando dados e estabelecendo pontes culturais com naturalidade. O tom é leve, a estética é limpa e os textos ágeis mesclam informação e humor de um verdadeiro *globetrotter* informativo em tela vertical.

Caio leva essa mesma abordagem para suas colaborações com marcas como C&A, Nike e Nubank, especialmente no Instagram, onde reúne mais de 300 mil seguidores fiéis. Sua técnica de apresentar andando, dialogar diretamente com a câmera e articular ideias com imagens do cotidiano tornou-se sua assinatura. Seus vídeos, com alta taxa de compartilhamento e muitos comentários, mostram que é possível disputar atenção com sofisticação narrativa, sem abrir mão da conexão profunda com a audiência. Em um cenário dominado por vídeos de dança, *lip sync* (dublagem de música) e *trends*, Caio segue firme na proposta editorial de quem começou como influenciador quando isso ainda significava formar opinião e continua acreditando nisso. Seus conteúdos seguem uma proposta genuína de conexão com o público a partir de territórios editoriais em que o comunicador é especialista: moda, música, turismo, geopolítica, cultura e comportamento.

TELEKWAI

Apesar da notoriedade do TikTok como sinônimo de rede social para consumo de vídeos curtos, o Kwai, no Brasil, é um dos *apps* preferidos de boa parte das classes C, D e E e da população que vive fora do eixo Rio-São Paulo[5]. Cresceu no Brasil com *feed* infinito, nos moldes do TikTok, e, surpreendentemente, entregando entretenimento com muito conteúdo exclusivo feito não só por criadores como, também, financiado pela própria Kuaishou, empresa chinesa dona do *app*.

Desde 2019, a Kuaishou destina 15% de seus investimentos no Brasil, país estratégico para o Kwai, à remuneração direta de criadores. Aproximadamente 400 mil produtores de conteúdo passaram a receber mensalmente por desempenho, com valores que variam de acordo com engajamento, frequência de postagem e visualizações. Além disso, a plataforma opera com um sistema de recompensas baseado em moedas virtuais (os Kwai Golds), presentes em *lives* e bonificações por convites. Cria, assim, um ecossistema *gamificado* de monetização que estimula a produção constante de conteúdo. Inspirado em modelos já consolidados na China, o Kwai tem procurado adaptar seu funcionamento às especificidades do mercado brasileiro, incluindo a valorização de anúncios verticais e o patrocínio de *reality shows* televisivos — como *A fazenda*, da Record, e o *Big Brother Brasil*, da Globo —, que costumam gerar conteúdo e engajamento em redes sociais. Além disso, geram um vínculo mais próximo com influenciadores locais e investem em conteúdo de novelas pelo projeto TeleKwai[6].

As chamadas "novelinhas" da plataforma são vídeos curtos dramatúrgicos que simulam narrativas melodramáticas, geralmente gravados com atores amadores e estética caseira; além disso, realizam montagens partindo de personagens criados no jogo *The Sims*[7]. Esses vídeos, muitas vezes com roteiros simples e finais com suspense, lembram a lógica narrativa de novelas tradicionais, mas adaptadas ao formato vertical e de poucos segundos. Trata-se de um fenômeno coletivo, que emergiu de maneira espontânea e distribuída entre os usuários da plataforma, à medida que percebiam o potencial de retenção e viralização dessas histórias. Cada episódio dessas novelinhas é suficientemente curto para manter a atenção e, ao mesmo tempo, gerar expectativa em relação ao próximo. A lógica é simples, mas eficaz: quanto mais visualizações e interações, maiores os ganhos financeiros — e maior a chance de o criador ser impulsionado pelo algoritmo. Embora não seja exclusivo do Kwai, o modelo de *storytelling* episódico encontrou na plataforma um terreno fértil graças ao seu sistema de incentivos e ao perfil de público engajado.

Embora o TikTok também remunere criadores por meio de fundos de incentivo e presentes em *lives*, o Kwai se diferencia ao utilizar um modelo mais abrangente de *performance* e engajamento, influenciado por seu sucesso na China. A proliferação das novelinhas no Kwai revela como formatos narrativos populares podem ser transformados por plataformas digitais que privilegiam a velocidade, o improviso e o vínculo direto com o público. Mais do que uma simples tendência, esse fenômeno aponta para uma mudança mais ampla no modo de contar e consumir histórias, agora mediadas por telas pequenas, algoritmos e microepisódios serializados. O TeleKwai tem concentrado cerca de 20% de todo o investimento da empresa no país, com mais de 100 minisséries produzidas e um portfólio que já ultrapassou a marca de 60 bilhões de visualizações. O programa passou a contar com roteiristas profissionais, apoio técnico aos criadores e parcerias com mais de 20 agências especializadas, gerenciando um universo de mais de 4.700 criadores. A consolidação do formato não apenas fortalece a comunidade criativa local como oferece uma nova fronteira para a publicidade em vídeo curto: marcas como Elo, Skol, Cheetos, Tang e Honda já utilizaram o TeleKwai para contar histórias envolventes e integradas à linguagem da plataforma. Trata-se, portanto, de um modelo híbrido entre dramaturgia popular, produção independente e marketing de influência, em que o entretenimento se entrelaça organicamente à *performance* e à monetização.

JEEP + *THE LAST OF US*

Durante a estreia no Brasil da segunda temporada da série *The last of us* (HBO), a Jeep Brasil criou um conteúdo publicitário em vídeo curto que reverberou como uma das melhores ativações transmídia do ano. A marca utilizou o universo distópico da série para ambientar microaventuras *off-road* com seus veículos. Nos filmes de dois minutos criados pela agência Fbiz, os vídeos mostravam um jipe atravessando terrenos acidentados, envolto em névoa e silêncios dramáticos, ao estilo cinematográfico da série, numa ponte entre o apocalipse da ficção e o desejo de liberdade da vida real.

As peças circularam sobretudo no YouTube, no Instagram e no TikTok, conectando-se ao *hype* da estreia da série e à linguagem visual do público-alvo. O sucesso do material não esteve apenas na execução técnica, mas na compreensão do ambiente: vídeos curtos não precisam ser simples e podem, inclusive, derivar de uma propriedade construída em *longform* para a tela grande. Eles podem condensar emoção, estética e valor de marca em segundos — e isso é exatamente o que a Jeep fez. A trilha, os enquadramentos e a paleta de cores criavam um campo simbólico de sobrevivência que casava com o apelo do carro.

Esse tipo de *shortform* representa a atual fase do *branded content:* menos direcionado à TV e a formatos longos e mais adaptado aos formatos de entretenimento em vídeo das redes sociais. Com o declínio da atenção disponível para a grande tela e a ascensão do conteúdo fragmentado, peças como essa demonstram como uma marca pode captar o espírito do tempo e inseri-lo num conteúdo breve, mas impactante. O case Jeep + *The last of us* é um exemplo de como a cultura pop pode ser incorporada à estratégia publicitária sem parecer oportunismo, desde que o tempo curto seja preenchido com densidade estética e coerência narrativa.

BURGER KING

O Burger King é uma marca que tem lastro histórico na construção de narrativas ousadas, de tempo curto, altamente compartilháveis e polêmicas. Seus *cases* são ora emblemáticos, ora problemáticos. A polêmica envolvendo o vídeo com o ator Kid Bengala evidenciou os limites dessa ousadia[8]. A tentativa de associar o sanduíche Whopper ao universo de trocadilhos sexuais e ao passado do ex-ator pornô gerou uma onda de críticas, que levou à retirada imediata da campanha do ar. A repercussão negativa mostrou que nem toda controvérsia gera valor para a marca — sobretudo quando se aproxima de temas sensíveis. Ainda assim, é preciso reconhecer que o Burger King também foi capaz de produzir polêmicas positivas, como no caso do "Whopper em Branco", que incentivava o eleitor a não desperdiçar o voto[9], ou nas campanhas de apoio à diversidade, mesmo sob ataques homofóbicos[10]. A diferença está na calibragem: há uma linha tênue entre provocar o debate social e estimular a rejeição. No jogo do conteúdo de marca, nem toda viralização é boa publicidade.

O Burger King domina a lógica do conteúdo curto, rápido, engajante e efêmero. A força de sua comunicação no Brasil está na habilidade de condensar tom de voz, produto e crítica social em poucos segundos. Em um cenário onde YouTube, Instagram e TikTok concentram a maior fatia do investimento digital, a marca demonstra maturidade criativa ao fazer do *shortform* uma linguagem própria, e não apenas um formato adaptado. Seus conteúdos não são simples anúncios reduzidos: são peças pensadas para o *feed*, para o compartilhamento e para a cultura dos comentários. O Burger King não apenas participa da conversa como provoca a próxima.

RECORTES DE *PODCASTS*

A ascensão dos recortes de *podcasts* em vídeos curtos representa uma das transformações mais significativas na forma como consumimos conversas longas. Trata-se de uma prática que responde diretamente à mudança estrutural no tempo de atenção das audiências e à adaptação dos criadores de conteúdo a uma cultura algorítmica baseada em fragmentos. Não é mais necessário que o público assista a uma entrevista de uma hora; basta que um trecho de dois minutos viralize para garantir milhares de visualizações e novos seguidores — tanto para o *podcast* quanto para o convidado.

A lógica é clara: enquanto o episódio completo pode funcionar como conteúdo de fundo para audiências mais engajadas (consumido em plataformas como YouTube ou Spotify), os cortes curtos operam como unidades de impacto imediato. Eles se encaixam nos pequenos vazios do cotidiano — no ônibus, na pausa para o café, entre um *scroll* e outro — e entregam emoção, humor ou polêmica em segundos. É por isso que os *podcasts* se tornaram, sem mudar essencialmente seu formato, os novos *talk shows* da era vertical: acessíveis, fragmentáveis e reeditáveis. Plataformas como TikTok, Instagram Reels e YouTube Shorts são hoje os principais canais de circulação desses recortes, com publicações diárias em perfis dedicados apenas a "cortes".

Os exemplos se multiplicam. O Podpah é um dos casos mais emblemáticos: um episódio com Mano Brown pode gerar dezenas de trechos curtos, cada um com uma "verdade" embalada para o consumo em *feed*[11]. Há *podcasts* que já nascem mirando a lógica dos recortes. O Flow Podcast, por exemplo, muitas vezes grava entrevistas de três horas com o objetivo claro de produzir material para recortes. Um corte de um minuto com o ex-presidente Lula falando sobre maconha[12] ultrapassou 10 milhões de visualizações no TikTok em 2022, desempenho muito superior ao do episódio completo. Ou seja, o *shortform* nem sempre é uma isca para *longforms*. Tornou-se o produto principal e mais abrangente do que seus formatos originais longos. Os *podcasts*, por essência, existem como *longform*, mas sua circulação cultural é impulsionada pelos recortes que se tornaram a peça central do consumo.

Essa prática mostra que, em um ecossistema de mídia em que o tempo de tela é disputado segundo a segundo, os recortes de *podcasts* cumprem três funções simultâneas: captam atenção, constroem autoridade e ampliam alcance. São conteúdos pensados para performar em velocidade, mas sem perder densidade. Em uma cultura em que a linha entre entretenimento e discurso está cada vez mais difusa, os *podcasts* fragmentados se posicionam como o novo formato híbrido — parte entrevista, parte *performance*, parte meme, parte opinião pública.

CRISTIANO RONALDO

Cristiano Ronaldo é uma das maiores plataformas de mídia do planeta. Em setembro de 2024, tornou-se o primeiro indivíduo da história a ultrapassar 1 bilhão de seguidores somados em redes sociais. Trata-se de um feito que transcende o futebol e o esporte: é um marco simbólico da transformação da celebridade esportiva em mídia própria, alimentada por uma produção incessante de conteúdo digital, majoritariamente em formatos curtos, verticais e multiplataforma.

O futebolista português revela o poder de conversão de um ícone global para além do futebol tradicional, ancorado na lógica de vídeos curtos, que são capazes de cruzar barreiras linguísticas, adaptar-se à economia da atenção e gerar tanto engajamento emocional quanto valor publicitário. E não está sozinho: ele representa uma nova geração de mediatização encarnada, na qual a figura pública não apenas está presente na mídia como é a mídia.

Os conteúdos publicados em suas redes seguem a gramática típica dos vídeos de altíssima *performance*: cenas de bastidores editadas com ritmo acelerado, trechos de jogos em close, aparições com filhos, treinos personalizados, celebrações exageradas e vídeos inspiracionais com trilhas emocionais. Ronaldo tem um público claro (os jovens fãs do esporte e da *performance* física), um dilema narrativo permanente (superar os limites da idade e da crítica, mostrando seu estilo de vida), e uma proposta de valor clara: motivação, disciplina e espetáculo.

Mais do que um influenciador, Cristiano Ronaldo opera como um *case* de distribuição e monetização nativo da era do *shortform*. Seus ganhos com publicidade fora de campo derivam diretamente do engajamento de sua audiência, um público que consome conteúdo, produtos e marcas mediadas por sua imagem. E isso acontece majoritariamente em plataformas como Instagram (639 milhões de seguidores), Facebook (170 milhões), X/Twitter (113 milhões) e também no YouTube (70 milhões). Cristiano Ronaldo não apenas dialoga com o presente do consumo audiovisual: ele antecipa seu futuro. Cada vídeo publicado é uma peça de narrativa identitária altamente compartilhável e de valor comercial mensurável pelas métricas digitais. É a tradução perfeita da lógica dopaminérgica que sustenta o consumo das gerações Z e alfa: vídeos curtos, emotivos, heroicos e personalizados.

Como criadores, pesquisadores e estrategistas, o fenômeno Cristiano Ronaldo obriga-nos a repensar o que é uma narrativa audiovisual relevante. O que está em jogo não é apenas a produção de conteúdo de qualidade, mas sua distribuição algorítmica, sua capacidade de gerar *looping* atencional e sua conversão em percepção e receita. Ronaldo, nesse sentido, é mais do que um fenômeno esportivo: é um estudo de caso sobre o futuro do conteúdo, das plataformas e do consumo midiático global.

Notas

1. Sacchitiello, Bárbara. "Budweiser e Africa pedem desculpas por polêmica envolvendo GP de Cannes". *Meio & Mensagem*, 26 jun. 2025. Disponível em: https://www.meioemensagem.com.br/cannes/budweiser-diz-que-sente-muito-por-polemica-envolvendo-gp-de-cannes. Acesso em: 30 jun. 2025.
2. Angier, Natalie. "Cientistas estudam como o cérebro identifica a música". *O Globo*, 17 fev. 2026. Disponível em: https://oglobo.globo.com/saude/ciencia/cientistas-estudam-como-cerebro-identifica-musica-18688630. Acesso em: 21 jun. 2025.
3. Arbulu, Rafael. "Cofundadores do Instagram admitem: Stories foi criado para minar o Snapchat". *Canaltech*, 13 mar. 2019. Disponível em: https://canaltech.com.br/redes-sociais/cofundadores-do-instagram-admitem-stories-foi-criado-para-minar-o-snapchat-134637/. Acesso em: 21 jun. 2025.
4. Moratelli, Valmir. "Como 'São João da Thay' se tornou a maior reunião de influencers do país". *Veja*, 9 jun. 2024. Disponível em: https://veja.abril.com.br/coluna/veja-gente/como-sao-joao-da-thay-se-tornou-a-maior-reuniao-de-influencers-do-pais/. Acesso em: 21 jun. 2025.
5. Lopes, André. "Depois de investir R$ 7 bilhões no Brasil, a chinesa Kwai tem novos planos para o país". *Exame*, 16 abr. 2024. Disponível em: https://exame.com/tecnologia/kwai-brasil-investimento-ji-cheng/. Acesso em: 21 jun. 2025.
6. "Projeto de novelas do Kwai ganha nova fase no Brasil". *Meio & Mensagem*, 4 nov. 2024. Disponível em: https://www.meioemensagem.com.br/midia/projeto-de-novelas-do-kwai-ganha-nova-fase-no-brasil. Acesso em: 21 jun. 2025.
7. The Sims. Disponível em: https://www.ea.com/pt-br/games/the-sims. Acesso em: 21 jun. 2025.
8. Sacchitiello, Bárbara. "Críticas e recuo: o que deu errado no vídeo de Burger King com Kid Bengala?" *Meio & Mensagem*, 16 fev. 2024. Disponível em: https://www.meioemensagem.com.br/comunicacao/burger-king-kid-bengala-o-que-deu-errado. Acesso em: 21 jun. 2025.
9. Zogbi, Paulo. "Burger King faz campanha contra voto em branco para as eleições; assista". *InfoMoney*, 1 out. 2018. Disponível em: https://www.infomoney.com.br/mercados/burger-king-faz-campanha-contra-voto-em-branco-para-as-eleicoes-assista/. Acesso em: 21 jun. 2025.
10. "Campanha LGBTQIA+ do Burger King com crianças sofre ataques homofóbicos". *UOL*, 25 jun. 2021. Disponível em: https://economia.uol.com.br/noticias/redacao/2021/06/25/campanha-lgbt-do-burger-king-com-criancas-e-alvo-de-criticas-nas-web.htm. Acesso em: 21 jun. 2025.
11. Yamasaki, Bruna. "Mano Brown no PodPah: videocast tem recorde de audiência no Youtube". *Castnews*, 9 mar. 2022. Disponível em: https://www.castnews.com.br/mano-brown-no-podpah/. Acesso em: 21 jun. 2025.
12. "Lula diz que maconha é questão para Congresso e STF". *Poder 360*, 18 out. 2022. Disponível em: https://www.poder360.com.br/eleicoes/lula-diz-que-maconha-e-questao-para-congresso-e-stf/. Acesso em: 21 jun. 2025.

5. Mais impacto na indústria: a inteligência artificial

A INTELIGÊNCIA ARTIFICIAL (IA) chegou ao audiovisual de forma inevitável e seu impacto tem sido tanto técnico quanto simbólico. Em um cenário de reconfiguração da cadeia produtiva e mudança radical na forma de consumir conteúdo, os vídeos curtos tornaram-se não apenas o formato mais promissor do mercado, mas também o território ideal para testar as possibilidades da IA generativa. Baratos, rápidos e tolerantes à imperfeição, os *shortforms* funcionam como campo de prova para agências, marcas, criadores e plataformas. Mas o que está em jogo não é só a tecnologia: é a transformação profunda na ideia de produção criativa, no trabalho audiovisual, nas profissões e até mesmo na subjetividade estética.

Desenvolvo continuamente pesquisas sobre o audiovisual, e uma delas tem se debruçado sobre as relações de trabalho no setor. Em entrevistas que conduzo com profissionais da área, uma tendência já é visível: quando lhes pergunto se a tecnologia representa uma ameaça ou um benefício, a maioria responde com uma associação direta à inteligência artificial. Muitos admitem que, se for para privilegiar os interesses dos contratantes, das plataformas ou dos anunciantes, a IA inevitavelmente vai reduzir postos de trabalho. Figuração em cenas de grande presença de público, que contariam com muitos figurinistas, dublagens, cenografia, montagem, ajustes de cor, efeitos visuais: todos esses processos podem ser substituídos por soluções algorítmicas, mais baratas e mais ágeis. Há um ganho operacional, sim. Há democratização da produção de vídeos, bem como peças de *design* e materiais de comunicação para pequenos negócios. Mas, junto disso, se acena uma perda de campo profissional que precisa ser analisada com honestidade.

Em 2025, estive presente num evento promovido pelo Reglab — Centro de Estratégia e Regulação[1], laboratório de pesquisa que se propõe a embasar a discussão sobre a regulação brasileira no setor tecnológico. O evento, denominado "IA e direito autoral — Desafios para uma regulação possível", discutia possibilidades e limites das propostas do Estado para a forma como a IA generativa deveria citar suas referências de uso, de modo que sinalizasse a maneira como construiu seu raciocínio e quem são os criadores do conteúdo que utilizou para entregar respostas a qualquer usuário. Representantes do departamento jurídico da Meta e do Google convidados a debater defenderam que isso é impossível. O funcionário do Google falava de maneira mais moderada sobre o tema, apontando as complexidades de a IA lidar com direitos autorais e das possibilidades de remunerar uma cadeia de produtores de conteúdo insatisfeitos em ver sua produção utilizada de forma indiscriminada e sem os devidos créditos. Já a representante da Meta trouxe uma fala que me remeteu um pouco à ideia de campo simbólico defendida por Lacan (1985) e Foucault (1996).

Num campo simbólico já previamente construído, cheio de significados e significantes, nos quais somos inseridos como corpos também simbólicos ao nascermos, encontramos ressonância em diferentes tradições do pensamento estruturalista, de forma que não sabemos exatamente quem é o sujeito que fala em nós e quanto em nós é falado a partir do que já foi construído simbolicamente por outros sujeitos que preexistiram ou existem concomitantemente. Segundo a funcionária da Meta, não é possível saber a partir de que ideias estamos pensando e formulando linguagem. Defendendo com veemência o atual modelo de IA (e, possivelmente, sua empresa), ela mencionou um modelo de funcionamento semelhante a uma ordem simbólica que não é exatamente rastreável todo o tempo.

Lacan afirma que o sujeito é constituído no e pelo campo do outro, ou seja, por uma ordem simbólica que o antecede e organiza sua entrada na linguagem e no mundo social. O simbólico, em Lacan, é estruturado como linguagem e nos interpela antes mesmo de existirmos como sujeitos conscientes. Embora Foucault não utilize diretamente os termos "campo simbólico" ou "significante", ele também sustenta que os indivíduos são efeitos de práticas discursivas pregressas e concomitantes, sendo o sujeito constituído dentro de formações históricas que definem o que pode ser dito, pensado e vivido. Assim, tanto Lacan quanto Foucault rompem com a ideia de um sujeito originário e autônomo, destacando que nossa existência é sempre mediada por estruturas simbólicas e discursivas que nos antecedem e moldam. Desculpem a digressão teórica e referencial, mas foi dessa maneira que refleti sobre a fala da executiva jurídica da empresa que é dona do Facebook, do WhatsApp e do Instagram.

Ainda que se possa concordar em parte com a representante da Meta, é mister entender que a IA "pensa" partindo de modelos estatísticos preestabelecidos, e não como nós, humanos, utilizando esforços orgânicos e subjetivos do corpo e da mente (Santaella, 2022). Ou seja: a IA não pensa. Ela constrói informações usando os conteúdos claramente materiais a que teve acesso, algo muito diferente do cérebro humano e de cada um de nós como corpos simbólicos, ainda que estejamos seguindo conceitos à luz de Lacan ou Foucault. A fala da executiva é sedutora, pertinente e quase convincente, pois é possível compreender que limitar a forma de a IA aprender sozinha, como uma criança que aprende a falar, é limitar seu uso. Mas é preciso considerar que o problema da IA talvez seja o fato de ela estar nas mãos de empresas globais e oligopólios restritivos, em empresas lideradas por bilionários que não têm medo de, diante de seu ideal de inovação, colapsar mercados, funções, trabalhos, sistemas políticos, natureza e vidas. Como bem observa o jornalista Guilherme Ravache, empresas como Meta, Google ou Amazon — parte das chamadas *big techs* — dominam os mercados como um todo, da raiz ao topo[2]. Elas não se importam se os negócios de *publishers* de conteúdo ou de criação das agências serão destruídos a partir do momento em que sua IA passe a oferecer uma solução completa, por exemplo, de criação, *layout*, redação e mídia a todos os que precisam anunciar seus produtos em busca de sobrevivência. E estamos aqui falando apenas de publicidade.

Ao mesmo tempo, é inegável que a IA abre precedentes criativos. Ela permite que pessoas sem formação técnica produzam conteúdo visual com qualidade, testem linguagens novas e ampliem o repertório da chamada *creator economy*. Em artigo publicado no meu site (www.brandedcontent.com.br), defendi que essas tecnologias têm o potencial de reconfigurar o conceito de entretenimento. É possível imaginar um futuro em que narrativas imersivas, criadas por amadores sem formação tradicional na indústria audiovisual, ocupem um espaço significativo no nosso tempo de lazer. E esse futuro está em curso, passando nas nossas telas horizontais e verticais pela IA.

Ferramentas como Veo3, Runway, Synthesia, Pictory, Descript e DeepBrain, disponíveis em larga escala, estão sendo usadas tanto por produtores profissionais quanto por amadores. São *softwares* capazes de gerar avatares falantes, transformar textos em vídeos, transcrever e editar vídeos automaticamente, criar ambientes visuais e até mesmo reconstruir *performances* humanas. No *shortform*, formato mais barato em que a produção exige velocidade, leveza e conexão imediata, essas ferramentas são particularmente eficazes.

Mas o que está em jogo não é apenas eficiência. É a redefinição do que chamamos de criação. Para aprofundar essa discussão, entrevistei em 2025 um dos nomes mais provocativos e relevantes do debate contemporâneo sobre IA, arte e cognição: Andrew Smart. Autor de *Autopilot* (2013) e *Beyond zero and one*

(2016), com experiência em empresas como Twitter e Novartis, ele atua como pesquisador e cientista sênior do Google em São Francisco e combina filosofia, ciência cognitiva e crítica cultural em suas análises[3]. Discutimos, entre outros pontos, a ideia de que a IA "alucina", termo que se popularizou para descrever os erros dos modelos generativos. Segundo ele, essa classificação pode ser enganosa. "As IAs não estão certas às vezes e 'alucinam' em outras. Tudo que produzem é uma forma de alucinação estatística", diz Smart sobre o tema dos modelos matemáticos como estruturas formadoras da linguagem das máquinas, construídos, claramente, a partir da materialidade criada por outros agentes (em geral humanos, pois é assim que as IAs são treinadas). E completou: "As IAs não têm experiência, não têm corpo, não têm mundo. Modelam sequências de palavras ou *pixels* com base em probabilidade. Isso não é conhecimento — é cálculo".

Perguntei se, sendo também formados por linguagem, não estaríamos próximos das IAs nesse ponto. A resposta foi enfática: "A biologia importa. A experiência humana é encarnada. A IA pode simular afeto, mas não senti-lo". Essa distinção entre simulação e vivência nos obriga a questionar: até que ponto o conteúdo gerado por IA pode ser considerado arte, narrativa ou experiência sensível? No plano da criação publicitária, no entanto, essa pergunta é quase sempre contornada pela urgência do resultado. A IA é usada menos como linguagem estética e mais como recurso operacional, como mostra o case com Will Smith[4] que analisaremos em seguida. A campanha, embora envolvente e eficaz, não visa discutir a ontologia da máquina. Ela quer vender. E a IA, nesse sentido, cumpre bem sua função: traduz, aproxima, viraliza.

A fala de Smart reforça movimentos ambíguos que estamos vivendo. Há quem veja a IA como ameaça ontológica (os "*doomers*") e quem a veja como promessa utópica (os "salvacionistas"). Mas, para ele — e para mim —, a IA é, antes de tudo, "um produto do capitalismo cognitivo", ou seja, uma ferramenta usada por grandes empresas para consolidar ainda mais poder. "A IA está sendo usada para enriquecer quem já é rico", diz ele, "enquanto trabalhadores, inclusive os de tecnologia, correm o risco de se precarizar." Sua análise faz sentido, já que os programadores, responsáveis por estruturar as IAs, correm o risco de ser substituídos quando estas aprenderem a programar[5].

Nesse sentido, a IA não é apenas uma questão técnica. É também simbólica, social e política. E isso se reflete no audiovisual e na indústria criativa. Se antes a criação era um campo artesanal, dependente, por exemplo, de coletivos profissionais, agora ela pode ser feita por uma única pessoa com um bom *prompt* (o comando que faz que as IAs entreguem o que estamos pedindo). Isso barateia, mas também isola. Isso democratiza, mas também concentra. Isso abre possibilidades, mas fecha portas.

O uso de IA no *shortform*, portanto, precisa ser entendido como sintoma de uma era em que o tempo, o custo e a viralização talvez sejam mais importantes que o processo, a experiência e a autoria. E isso exige reflexão crítica. Como diz Smart, "modelos estatísticos não substituem a realidade. Eles representam algo, mas não existem fora de nós". A seguir, analisaremos três exemplos concretos de como a IA tem sido usada no audiovisual e na publicidade. São exemplos da linguagem, da estética e dos modos de produção.

MARISA MAIÔ: A IA COMO APRESENTADORA DE PROGRAMA DE AUDITÓRIO

Em junho de 2025, um novo rosto tomou conta das redes sociais brasileiras e, curiosamente, esse rosto nunca existiu. Criada pelo artista e escritor Raony Phillips[6] utilizando o modelo Veo3 do Google, a personagem Marisa Maiô viralizou ao simular uma apresentadora de programa de auditório num formato tipicamente brasileiro, algo entre *Casos de família* e *Programa do*

Ratinho. Seu programa *fake*, *Marisa Maiô Show*, mistura quadros absurdos, plateia animada (também gerada por IA) e piadas com o *nonsense* típico da cultura de memes. Com visual ultrarrealista, bordões debochados e linguagem corporal automatizada, a personagem se tornou um sucesso instantâneo. Tão viral que rapidamente fechou sua primeira campanha publicitária com o Magazine Luiza para o Dia dos Namorados[7].

O que chama atenção no caso de Marisa Maiô não é apenas a adoção da IA para gerar um rosto novo ou uma estética inusitada, mas a conjunção disso com o formato de vídeo curto, otimizado para TikTok, Reels e outras plataformas verticais. Os vídeos têm, em média, de seis a oito segundos. São esquetes prontas para o consumo instantâneo, organizadas para arrancar uma reação emocional em tempo recorde: riso, espanto ou compartilhamento. Em outras palavras, Marisa Maiô talvez não fosse um sucesso se estivesse em um programa de TV tradicional ou em um canal de YouTube com episódios longos. Ela nasce e se alimenta da lógica do *scroll* infinito e do compartilhamento instantâneo dos vídeos divertidos, em que o conteúdo não precisa de muito contexto, apenas de impacto imediato.

Esse tipo de construção marca a virada promovida pela IA generativa. De maneira ainda preliminar, nesse caso, a IA não está substituindo criadores humanos, mas sendo programada por eles e aprendendo com os próprios memes a moldar o tipo de conteúdo mais viral possível. O algoritmo — este, sim — sabe o que engaja. A IA, agora, se sofistica ao saber como produzir vídeos a partir de *prompts* sofisticados. A previsibilidade é parte do encanto: o espectador mais letrado sabe que verá um absurdo, um corte rápido, uma plateia *fake* rindo, e isso basta para o cérebro ativar o circuito de recompensa. O menos letrado se engana, mas talvez se divirta igualmente.

Ao transformar a apresentadora *fake* em influenciadora, com bordões e presença cativa nas redes, o projeto Marisa Maiô demarca uma nova etapa na convergência entre IA, cultura popular e marketing. Uma em que o rosto é simulado, o formato é curto, a piada é previsível, mas o impacto, real. É meme, é vídeo curto, é inteligência artificial e, talvez, seja efêmero. Acima de tudo, é um produto desenhado para performar no ecossistema audiovisual de atenção fragmentada.

QUANDO A IA RESSUSCITA UMA ARTISTA E UMA MÚSICA: O DUETO DA VOLKSWAGEN

A campanha de 70 anos da Volkswagen no Brasil, lançada em 2023, escancarou para o mercado publicitário o poder narrativo da inteligência artificial quando aplicada a formatos audiovisuais emocionais e breves. Com um vídeo de dois minutos, a montadora promoveu o reencontro impossível entre mãe e filha, Elis Regina e Maria Rita, unidas por um dueto forjado pela técnica de *deepfake*. O recurso, em vez de simular uma celebridade ou criar humor, serviu de motor de afeto: foi utilizado para construir uma narrativa publicitária que não apenas resgatava memórias musicais de gerações passadas como apontava para um futuro em que a tecnologia se tornaria ponte, e não ruído, entre tempos.

Dirigido pela agência AlmapBBDO e produzido pela Boiler Filmes, o comercial colocava Maria Rita ao volante do novo ID.Buzz, versão elétrica e futurista da icônica Kombi — que, curiosamente, nem é comercializada no Brasil. Ao cantar "Como nossos pais", clássica composição de Belchior eternizada por sua mãe, Maria Rita era surpreendida pela aparição da própria Elis Regina, recriada digitalmente, que assumia o dueto numa Kombi *vintage*. A cena ressignificava a canção originalmente crítica e melancólica, transformando sua mensagem. Na música de Belchior, o verso "ainda somos os mesmos e vivemos como nossos pais" aponta para a dificuldade da juventude de romper com modelos herdados. Já no filme publicitário, a repetição desses mesmos modelos, inclusive estéticos e afetivos, é apresentada como algo positivo, quase como um legado reconfortante. As pessoas compartilharam o vídeo de forma emocionada, sensibilizadas pelo composto de *deepfake*, áudio e imagem em movimento — sem espaço, obviamente, para senso crítico.

Não há comprovação de que a Volkswagen tenha investido para que o vídeo alcançasse mais pessoas do que o habitual do algoritmo do YouTube. No entanto, em campanhas de alto investimento, como a de 70 anos da empresa, é uma prática publicitária convencional impulsionar o conteúdo em redes sociais como YouTube, Instagram e X para aumentar os pontos de contato e o engajamento esperado.

O vídeo em questão foi extremamente bem-sucedido em número de visualizações e engajamento. No YouTube, teve mais de 33 milhões de visualizações, 65 mil curtidas e mais de 7 mil comentários. Em comparação com outros vídeos da Volkswagen do Brasil publicados em período próximo a essa campanha, trata-se de um sucesso estrondoso. O vídeo promocional do automóvel Novo Polo, por exemplo, publicado cerca de um mês antes no YouTube, teve pouco mais de 6,5 mil visualizações e apenas 28 comentários. Outro vídeo publicado no canal da empresa cerca de um mês depois, chamado de Fantástica Fábrica de Volkswagen, teve 3,5 mil visualizações e 12 comentários. Para referência, o canal da montadora no YouTube tem 300 mil inscritos e um total de 900 milhões de visualizações desde o seu lançamento, em 21 de fevereiro de 2008, o que torna o vídeo da campanha de 70 anos responsável por 3,6% do total de visualizações. No X, onde a Volkswagen tem cerca de 75 mil seguidores e vídeos com média de 2 mil visualizações, a campanha de 70 anos obteve mais de 717 mil visualizações. Para evidenciar o engajamento nessa rede, foram mais de 2,8 mil compartilhamentos (contra uma média de talvez dez compartilhamentos em demais vídeos publicados pela empresa em período próximo ao vídeo da campanha de 70 anos). No Instagram, não foi possível verificar o número de visualizações do vídeo e do engajamento, pois somente a empresa tem acesso a esses números.

Mas as evidências de que o alcance e o engajamento da campanha extrapolaram o que é comum para a Volkswagen vão além dos números em redes sociais. A campanha de 70 anos com Maria Rita e a reprodução digital Elis Regina foram comentadas pelos grandes veículos brasileiros do meio publicitário, como *Meio & Mensagem*[8], *Propmark*[9] e *Clube de Criação*[10], revistas de negócios, como a *Exame*[11], e veículos noticiosos, como G1[12] e UOL[13]. As discussões sobre a campanha na mídia trouxeram: visões descritivas da peça, quando noticiosas; críticas, quando opinativas[14]; e, majoritariamente, celebrativas, quando comentadas em redes sociais pela audiência comum. É possível entender, portanto, que a campanha foi um sucesso do ponto de vista de alcance e engajamento do público, fruto de sua concepção criativa e estratégia de publicação.

A reconfiguração semântica da música de Belchior e do uso de Elis Regina para o filme não foi nada trivial. A própria Volkswagen, ao longo da ditadura civil-militar brasileira, participou da repressão de funcionários considerados "subversivos", cooperando com órgãos de controle do regime[15]. O fato de a marca utilizar uma das músicas mais emblemáticas da geração que buscava justamente romper com a ordem autoritária para reforçar o vínculo emocional com sua própria história institucionaliza uma reinterpretação radical da mensagem original da canção. A crítica se converteu em celebração e premiação em Cannes em 2024[16]. O que este *case* revela, portanto, é que o vídeo curto com IA pode ser muito mais do que um experimento técnico. Ele pode ser música e memória, acionando nossos sentidos afetivamente, algo clássico e meritório do conteúdo de marca (Moura, 2021). É a publicidade em sua forma mais potente: aquela que subverte, reinterpreta e emociona antes de ser racionalizada. Em tempos em que a inteligência artificial muitas vezes aparece como ameaça à criatividade ou à verdade, a peça da Volkswagen mostra que, se bem instrumentalizada, ela pode transformar até mesmo uma crítica à ordem em espetáculo reconfortante e eficaz.

WILL SMITH FALANDO PORTUGUÊS?

Em 2024, a *fintech* Nomad decidiu dar um passo ousado para além da lógica promocional de *performance*. Em vez de apenas buscar novos clientes se promovendo com entregas funcionais, como menor IOF ou conta internacional, a marca resolveu construir um território simbólico, institucional e global. Escolheu o rosto do astro Will Smith para abrir essa nova fase. Não apenas o rosto, mas também a voz dele falando perfeitamente em português. Sim, Will Smith falou português no intervalo do programa *Fantástico*, da TV Globo, e nas redes sociais com perfeita sincronia labial e sotaque neutro. Tudo isso, obviamente, feito com inteligência artificial.

O recurso técnico, desenvolvido pela agência David e produzido pela produtora O2, foi o ponto de partida de uma campanha que marcou uma virada na comunicação da marca. Segundo a própria empresa, o investimento foi quatro vezes maior que o total gasto com campanhas comuns para geração de *awareness* em 2023. A inteligência artificial cumpriu, aqui, uma dupla função: tecnológica, do ponto de vista da construção, e estratégica, pela perspectiva da repercussão que a campanha causou. Ao fazer que Will Smith fale português (e também francês e japonês, em outras peças), a IA não só reduziu custos com produção e logística como reforçou a ideia de que a tecnologia pode aproximar a marca dos afetos locais sem perder seu capital global. Isso foi particularmente relevante no caso da Nomad, que tem como público-alvo brasileiros com patrimônio estabelecido e familiaridade com viagens ou investimentos no exterior, nicho extremamente exigente em termos de confiança e identificação simbólica.

Da mesma forma que ocorreu com a campanha da Volkswagen de 70 anos no Brasil, o que poderia parecer estranho, um *deepfake* emocional, se tornou um ativo para a marca. Qualquer eventual falta de sincronia entre voz, boca e expressão corporal foi amplamente comentada pela mídia. Segundo levantamento interno citado pela Nomad, a conexão emocional superou as eventuais "falhas técnicas" percebidas por publicitários e analistas críticos do setor. Na prática, a IA não atrapalhou: ajudou e repercutiu. E abriu margem para múltiplas versões da peça, inclusive com *skylines* personalizados de cidades diferentes — algo que seria financeiramente inviável em produções convencionais.

Essa campanha fornece elementos centrais para a discussão sobre IA generativa na publicidade. Primeiro, porque desloca o uso da IA do plano do experimento para o plano da estratégia. Segundo, porque trata a imperfeição como parte do subproduto atual de seu uso, e entende que isso repercute na mídia, carregando a marca. Terceiro, porque reconhece que, em um mercado saturado de formatos e promessas, o diferencial pode estar na ousadia de traduzir uma celebridade global para o idioma do consumidor sem depender de dublagens ou mediações. Vale lembrar que o Brasil é o segundo maior mercado de audiência dos filmes de Will Smith[17]; além disso, ele tem mais de 12 milhões de seguidores brasileiros no Instagram. Em vez de adaptar a campanha ao Brasil, a Nomad adaptou Will Smith ao Brasil. A IA tornou isso possível. E, ao fazer isso, deu o tom da nova publicidade em tempos de inteligência artificial: não basta parecer tecnológica; é preciso emocionar, conectar e reposicionar.

Notas

1. Reglab. Disponível em: https://reglab.com.br/. Acesso em: 20 jun. 2025.
2. Ravache, Guilherme. "O pacto faustiano com Google e Meta — e por que sua empresa pode ser a próxima vítima". *Valor*, 10 maio 2025. Disponível em: https://valor.globo.com/empresas/coluna/o-pacto-faustiano-com-google-e-meta-e-por-que-sua-empresa-pode-ser-a-proxima-vitima.ghtml. Acesso em: 20 jun. 2025.
3. Moura, Leonardo. *Os limites dos robôs*. Carta Capital, 31 jul. 2025. Disponível em: https://www.cartacapital.com.br/cultura/os-limites-dos-robos/. Acesso: 29 ago. 2025.
4. Pio, Juliana. "Will Smith e 1,8 milhão de clientes: a estratégia da Nomad para dobrar receita em 2024". *Exame*, 2 jul. 2024. Disponível em: https://exame.com/

marketing/will-smith-e-18-milhao-de-clientes-a-nova-estrategia-de-marketing-da-nomad/. Acesso em: 20 jun. 2025.

5. Valente, Jonas. "Inteligência artificial e o impacto nos empregos e profissões". *Agência Brasil*, 1 set. 2020. Disponível em: https://agenciabrasil.ebc.com.br/geral/noticia/2020-08/inteligencia-artificial-e-o-impacto-nos-empregos-e-profissoes. Acesso em: 20 jun. 2025.

6. Pancini, Laura. "Quem está por trás de Marisa Maiô? Os bastidores do vídeo viral que virou negócio". *Exame*, 13 jun. 2025. Disponível em: https://exame.com/negocios/marisa-maio-raony-phillips-quem-e-como-foi-feito/. Acesso em: 20 jun. 2025.

7. "Marisa Maiô estrela campanha de Dia dos Namorados do Magalu". *Meio & Mensagem*, 9 jun. 2025. Disponível em: https://www.meioemensagem.com.br/comunicacao/marisa-maio-estrela-campanha-de-dia-dos-namorados-do-magalu. Acesso em: 20 jun. 2025.

8. "Volkswagen promove dueto entre Elis Regina e Maria Rita. *Meio & Mensagem*, 4 jul. 2023. Disponível em: https://www.meioemensagem.com.br/comunicacao/volkswagen-promove-dueto-entre-elis-regina-e-maria-rita. Acesso em: 20 jun. 2025.

9. "'Como nossos pais': campanha da Volkswagen coloca Elis Regina e Maria Rita lado a lado. Propmark, 4 jul. 2023. Disponível em: https://propmark.com.br/como-nossos-pais-campanha-da-volkswagen-promove-dueto-entre-elis-regina-e-maria-rita/. Acesso em: 20 jun. 2025.

10. 'Como nossos pais'. Clube de Criação, 4 jul. 2023. Disponível em: https://www.clubedecriacao.com.br/ultimas/como-nossos-pais-2/. Acesso em: 20 jun. 2025.

11. "Elis Regina e Maria Rita cantam 'juntas' em comercial que usa IA e deep fake". Exame, 4 jul. 2023. Disponível em: https://exame.com/inteligencia-artificial/elis-regina-e-maria-rita-cantam-juntas-em-comercial-que-usa-ia-e-deep-fake/. Acesso em: 20 jun. 2025.

12. Bischoff, Wesley. "Elis Regina aparece cantando ao lado da filha Maria Rita em campanha feita com inteligência artificial". G1, 4 jul. 2023. Disponível em: https://g1.globo.com/economia/midia-e-marketing/noticia/2023/07/04/elis-regina-aparece-cantando-ao-lado-da-filha-maria-rita-em-campanha-da-volkswagen-feita-com-inteligencia-artificial.ghtml. Acesso em: 20 jun. 2025.

13. Cruz, Bruna Souza. "Como Elis Regina foi recriada por IA em dueto com a filha Maria Rita". *UOL*, 9 jul. 2023. Disponível em: https://www.uol.com.br/tilt/noticias/redacao/2023/07/04/elis-regina-e-recriada-por-inteligencia-artificial-e-canta-com-maria-rita.htm. Acesso em: 20 jun. 2025.

14. Pacete, Luiz Gustavo. "Vale a pena usar deepfake para nos emocionarmos com Elis Regina em uma campanha?" *Forbes*, 4 jul. 2023. Disponível em: https://forbes.com.br/forbes-tech/2023/07/vale-a-pena-usar-deepfake-para-nos-emocionarmos-com-elis-regina-em-uma-campanha/. Acesso em: 20 jun. 2025.

15. Ohana, Victor. "Os crimes cometidos pela Volkswagen na ditadura, segundo relatório do MP". *Carta Capital*, 31 mar. 2021. Disponível em: https://www.

cartacapital.com.br/justica/os-crimes-cometidos-pela-volkswagen-na-ditadura-segundo-relatorio-do-mp/. Acesso em: 20 jun. 2025.

16. Gerações / VW 70 Anos — AlmapBBDO Bronze (Entertainment for music / Cannes 2024). *Clube de Criação*, 18 jun. 2024. Disponível em: https://www.clubedecriacao.com.br/acervo/geracoes-volkswagen-brasil-70-anos-almapbbdo-cannes-2024/. Acesso em: 20 jun. 2025.

17. Oréfice, Giovana. "Will Smith fala em português em nova campanha da Nomad". *Meio & Mensagem*, 1 jul. 2024. Disponível em: https://www.meioemensagem.com.br/marketing/nomad-campanha-will-smith#:~:text=Al%C3%A9m%20de%20ser%20uma%20personalidade,entrar%20em%20cartaz%20nos%20cinemas. Acesso em: 20 jun. 2025.

6. Projetar e vender

Diante das transformações profundas no consumo de audiovisual que discutimos ao longo deste livro, provocadas por novos hábitos, novas gerações e novas plataformas, torna-se cada vez mais estratégico saber como estruturar um projeto para apresentá-lo a compradores, distribuidores, plataformas, canais ou anunciantes. Não basta ter uma boa ideia: é preciso saber apresentá-la de forma clara, ancorada em dados e conectada com os objetivos de quem investe.

Foi justamente por observar essa lacuna entre a criação e a viabilização que desenvolvi — ao longo de anos de experiência com estruturação de projetos para marcas e em cursos ministrados para estudantes de graduação, pós-graduação e profissionais do audiovisual — um modelo de apresentação de projeto que espelha as exigências do mercado. Trata-se de uma estrutura aplicada em aulas e oficinas que ministro regularmente, mas agora é publicada para alcançar um público mais amplo de produtoras, agências, roteiristas, planejadores e todos aqueles que desejam transformar boas ideias em propostas vendáveis.

Essa necessidade não é abstrata. Ao longo da minha carreira, recebi centenas de projetos de conteúdo audiovisual. Muitos eram até visualmente impactantes e traziam ideias criativas com força estética, mas falhavam justamente em demonstrar sua relevância para o público-alvo, sua aderência aos desafios de um *streamer*, de um canal de TV ou de uma marca. É extremamente comum vermos projetos que se iniciam com um propósito genérico ou um argumento emocional feito por um criador apaixonado. É bonito de ver, inclusive. Mas o mercado, sobretudo em *pitches* de negócios, demanda outra lógica: é preciso começar por *para quem* esse conteúdo será feito, entender qual é o dilema desse público, identificar em que momento o projeto se encaixa na estratégia do exibidor e como ele atrai e engaja a audiência para, com base nisso, apresentar a ideia criativa que o atravessa. Não dá para servir o prato principal antes do *couvert* e da entrada.

Esse modelo de pensamento, em vez de partir de inspiração, parte de dados e da escuta. Em vez do criador como ponto de partida, o foco está no receptor. E isso não engessa nem diminui a criação; ao contrário, dá a ela um norte estratégico. Os projetos que mais avançam hoje são aqueles que demonstram clareza sobre público, contexto, problema e solução.

Neste capítulo, você encontrará o passo a passo da estrutura ideal de apresentação de um projeto audiovisual para o mercado contemporâneo, sobretudo em tempos de *shortform*, fragmentação de telas e atenção pulverizada. Este é um guia prático para captar, vender e produzir.

MARCA, CONTEXTO E NOME DE TRABALHO: DEFININDO OS PILARES DO PROJETO

Todo conteúdo precisa existir dentro de um contexto, e, se estamos pensando num *pitching* para anunciantes ou possíveis compradores de *streaming*, por exemplo, o conteúdo não flutua no vazio: ele precisa estar ancorado em objetivos, informações e posicionamentos claros.

Começamos por nomear o projeto. É um nome de trabalho — provisório, transitório, sujeito a mudanças — que ajuda a dar forma, foco e identidade à ideia que está sendo estruturada. Trata-se da abertura e de uma apresentação que pode ser feita no PowerPoint ou até mesmo no Canva, *software* amplamente usado pela geração Z.

Figura 2 — Capa

NOME DO PROJETO
(nome de trabalho)

\+

MARCA

Fonte: elaborada pelo autor.

O nome funciona como um *placeholder* criativo (um rótulo inicial que será testado, refinado e eventualmente transformado). Dar um nome de trabalho a um projeto é o primeiro gesto de autoria. É como se disséssemos: “Esta ideia existe, ainda que em versão beta”.

Em seguida, olhamos para o contexto de uma marca anunciante, caso o projeto seja feito para ela, ou do momento do exibidor para quem estamos vendendo o filme: um canal de TV, um agente financiador público, um distribuidor ou um serviço de *streaming*. Que momento esse possível comprador vive? Que desafios enfrenta? Quais são suas metas de comunicação para o ciclo atual? Estão revistando processos e valores? Querem atrair um novo público? Lançar um produto? Reforçar sua presença em determinada cultura ou território? Essa leitura de contexto é crucial para que o projeto de conteúdo não seja um corpo estranho na estratégia da marca, mas uma extensão coerente de sua narrativa.

Durante minha trajetória profissional, era comum receber projetos alinhados a uma ideia de um canal exibidor (GNT e

Multishow, por exemplo) embasada numa identidade dessas marcas já ultrapassada — que, obviamente, ficou calcada na mente do mercado, mas evidencia que o criador não se preocupou em fazer uma busca rápida sobre novos posicionamentos, campanhas, ações de relações públicas e eventos que desvelam o momento em que marcas, canais e anunciantes se encontram. Essa pesquisa precisa ser feita. E pode e deve ser embasada em fontes como sites e redes sociais de um anunciante ou um exibidor, além de notícias disponibilizadas sobre ele na mídia, sobretudo aquela especializada em negócios de mídia, audiovisual, *branding* e publicidade.

Você deve ter notado, por exemplo, que faço uso das informações de mídia nas notas ao final de cada capítulo deste livro (e também em meus artigos acadêmicos) para reforçar o embasamento do que estou escrevendo, indo muito além de dados e de fontes acadêmicas para elucidar as materialidades que estão descritas em pesquisas. Faça isso também. Só conseguimos entender a necessidade real de possíveis clientes quando investigamos o contexto com atenção. Isso exige pesquisa de mercado, análise do discurso da marca, escuta ativa de suas campanhas, de seus desafios comerciais e de suas vulnerabilidades reputacionais. O conteúdo nasce em resposta a esse cenário. Sei que os dados do *streaming*, ao contrário do que se estruturou na mídia tradicional, que tem a audiência amplamente divulgada, não são compartilhados pelas plataformas. Mas eventualmente podemos ter acesso a informações em sites como o da Kantar, da Parrot Analytics ou da Nielsen, além de *podcasts* e reportagens relativos ao setor.

Essa etapa de abertura do projeto é aquela em que também conectamos a ideia a um contexto mais amplo de determinado tema na sociedade e na cultura. Um bom projeto sabe dizer por que ele importa hoje. Que tema o atravessa? Que movimento social, mudança de comportamento ou debate público está sendo abordado? É essa intersecção entre marca, exibidor, público e cultura que torna o conteúdo de fato relevante. A Figura 3 reproduz um modelo de *chart* para distribuir as informações que você coletou sobre seu possível comprador. Mas não se restrinja a ele. Use quantos *charts* quiser. A ideia é que você demonstre embasamento.

Figura 3 — Contexto do comprador
(marca, distribuidor, canal de TV ou *streamer*)

Fonte: elaborado pelo autor.

Ao final desses *frames* iniciais, temos: 1) um nome de trabalho que dá identidade ao projeto; 2) uma leitura do contexto da marca que justifica sua realização; e 3) uma conexão com o mundo que o torna oportuno. Com isso, não estamos apenas criando conteúdo, mas estruturando uma proposta que faz sentido para a audiência e gera valor para quem investe.

COMECE TAMBÉM PELO PÚBLICO

A maior parte dos projetos de conteúdo fracassa porque é pensada de dentro para fora, ou seja, parte da ideia criativa para só depois tentar justificar seu valor. O modelo que proponho aqui inverte essa lógica, pois ele começa de fora para dentro, com uma pergunta simples, mas fundamental: para quem esse conteúdo será feito? É algo diferente do propósito da feitura, sabemos. Não estamos desqualificando a iniciativa propositiva de criadores ou de marcas, mas o ideal é que ela aconteça quando conseguir aterrissar num espaço claro de demanda. Por isso, identificar para quem determinado conteúdo é feito, ou seja, quem se interessaria em consumi-lo, deixa a ideia criativa muito mais aderente a possíveis objetivos de um financiador ou investidor.

Todo projeto precisa eleger um público prioritário. Não se trata de tentar agradar a todos, mas de definir com precisão um perfil de audiência com o qual desejamos dialogar, um *target*, um público-alvo que se mira para acertar. Esse público pode ser segmentado por faixa etária, comportamento, classe social, estilo de vida, dilemas de consumo ou aspirações. Desenhe uma persona para atingir com quem você quer falar e corra atrás de dados sobre ela. A escolha do público define a linguagem, o tom, a duração, o formato e até mesmo a plataforma de exibição do conteúdo. Em tempos de saturação de telas e fragmentação da atenção, o conteúdo mais eficaz é aquele que parece ter sido feito sob medida, e isso só é possível se soubermos com clareza quem queremos atingir.

Na matriz que uso em sala de aula, após mapearmos o contexto daquele para quem o projeto se dirige (um anunciante ou um exibidor), partirmos para o exercício de selecionar um perfil de público-alvo ou uma persona. Em seguida, exploramos o que já se sabe sobre esse público. Quais são seus hábitos de mídia? Que tipo de conteúdo consome? Que temas mobilizam sua atenção? Aqui vale utilizar tanto intuição quanto pesquisa prévia, dados de mercado e *insights* comportamentais.

A terceira etapa exige investigação: como aprender mais sobre esse público, desconstruir aquilo que listamos intuitivamente ou até mesmo confirmar hipóteses que rascunhamos? Se conta com meios financeiros para ser ainda mais bem estruturado, o projeto pode prever métodos de escuta, de *desk research* (levantamento geral de tudo que já se sabe sobre um *target*) a grupos focais, *social listening*, entrevistas ou análise de comentários em plataformas. O objetivo é sair da suposição e entrar no campo da evidência, mesmo que qualitativa. Sei que a maior parte dos projetos não terá — e nem precisa ter — orçamento para mapeamento tão profundo da audiência que se mira. Portanto, uma *desk research* basta para tornar nossa ideia aderente e viável, inclusive do ponto de vista conceitual.

Recomendo a alunos e produtores que usem materiais publicados na imprensa (novamente!), sites confiáveis e de reputação evidente e tudo mais que meios tradicionais de pesquisa publicam sobre perfis de público. Use os sites e as redes sociais da Globo (gente.globo.com), do Google (thinkwithgoogle.com), do TikTok (TikTokforbusiness.com), da Kantar (kantaribopemedia.com), da Nielsen (nielsen.com), da Ilumeo (ilumeo.com.br), da Inesplorato (inesplorato.com.br) e de outros institutos de pesquisa. Veículos como a Globo, o Google ou o TikTok publicam regularmente as pesquisas que produzem internamente, compartilhando com o mercado o que sabem sobre determinados públicos. Pode-se usar à vontade, sempre levando em conta que, ao final da apresentação de dados e informações, esses competidores vão apontar uma solução que eles mesmos oferecem para falar com esses públicos — note isso! Faz parte do jogo e isso não desmerece as informações que esses *players* compartilham com o mercado, que, muitas vezes — mesmo no caso do Google, grande rei dos dados —, são feitas em parceria com institutos tradicionais de pesquisa e com a academia. É só reparar em quem assina as informações que essas empresas compartilham em seus sites.

Por fim, devemos encerrar esse primeiro bloco respondendo: que tipo de dilema ou questão esse público enfrenta e pode ser atendido por meio de conteúdo? O conteúdo relevante hoje é aquele que gera valor, seja ele emocional, social, informativo, aspiracional ou de entretenimento puro. Ao identificar um dilema, um impasse, um ruído ou uma frustração, o conteúdo ganha direção e propósito. Não mais como abstração, mas como resposta concreta a um cenário real. O conteúdo deve, assim, divertir, informar, dar serviço, inspirar a audiência. Esse é o primeiro passo da jornada de nosso projeto: ele transforma o público em protagonista e o conteúdo em ferramenta de escuta, diálogo e resposta. Ao começar por aqui, projetamos não apenas meras ideias, mas futuras pontes.

APROFUNDAMENTO POR MEIO DE PESQUISA

No modelo que apresento, caso haja recursos, podemos incluir uma pesquisa sobre o público que queremos atingir. A pesquisa deve combinar abordagens qualitativas e quantitativas, sendo crucial compreender a diferença entre ambas. De maneira geral, pesquisas qualitativas dão pistas e *insights* sobre a realidade. Elas ajudam a captar sentimentos, desejos, discursos e comportamentos que nem sempre aparecem em números. Já as pesquisas quantitativas em geral encontram padrões na realidade na forma de números. Elas permitem medir o alcance, a frequência, a relevância e o impacto potencial de determinados fenômenos. Ambas são complementares. Um grupo focal pode revelar que jovens mães sentem culpa por usar telas como distração para seus filhos pequenos, pista qualitativa que sugere um dilema emocional. Já uma pesquisa de alcance nacional pode indicar o percentual desse público que consome vídeos infantis curtos no celular todos os dias, um padrão quantitativo que dimensiona o problema e justifica um projeto de conteúdo voltado para esse universo.

Ao desenvolver um projeto audiovisual, não basta supor o que as pessoas sentem ou querem ver. É preciso mostrar, com dados, que há um terreno fértil para aquela ideia. O mercado — sejam canais, plataformas ou anunciantes — tende a estar mais inclinado a investir quando vê evidências. Um gráfico, uma citação, um comportamento mapeado, um número de busca ou um padrão de consumo reiterado são elementos que validam a proposta. Mas atenção: não se trata de transformar projetos em planilhas. O que se espera é que a pesquisa seja usada como insumo de criação e seus achados sejam narrados como matéria-prima que orienta, nutre e dá direção à criação. O criador que pesquisa, escuta e interpreta com rigor parte de uma posição mais empática, estratégica e conectada com o mundo.

O DILEMA COMO MOTOR NARRATIVO

Projetos de conteúdo bem-sucedidos têm algo em comum: não são apenas ideias soltas ou histórias bem contadas. Eles resolvem um dilema. No *frame* que proponho, o dilema é o ponto de convergência entre o contexto do comprador, o cenário social e as tensões do público-alvo. É ele que confere propósito à narrativa e necessidade à produção. Sem dilema, o projeto pode até ser bonito, mas dificilmente será relevante. *Emily in Paris* (Netflix, 2020), por exemplo, não se propõe a ser uma alegoria real da cidade, mas diversão genuína e despretensiosa para um público que quer apenas se entreter diante da tela. Já conteúdos gerados pela *fintech* XP em *short* ou *longform* com origem em seu evento anual chamado Expert XP[1] se propõem a educar e instigar a audiência sobre possibilidades de investimento financeiro.

Ao contrário do que se pensa, portanto, o dilema não precisa ser gigantesco ou dramático. Muitas vezes, ele é uma pequena fricção cotidiana, um desconforto cultural, um impasse simbólico. O importante é que ele seja reconhecível para o público e tenha algum grau de urgência para a marca. Pode vir de uma crise de imagem, de uma transição estratégica, de um comportamento emergente ou até mesmo de um tabu que precisa ser enfrentado. Na estrutura que recomendo, o dilema aparece depois do que sabemos sobre o comprador, a sociedade e o público-alvo, justamente porque deve emergir desse conhecimento primário. Se identificamos que jovens adultos LGBTQIAPN+ não sentem que seu corpo é representado em campanhas *fitness*, temos aí um dilema entre visibilidade e padrão. Se notamos que mães periféricas têm culpa por não conseguirem oferecer tempo de qualidade aos filhos, temos um dilema entre afeto e sobrevivência. Se percebemos que homens de meia-idade abandonam o autocuidado por medo de parecerem frágeis, temos um dilema entre masculinidade e vulnerabilidade. Esses são exemplos evidentes, mas há muitos outros que você pode descobrir com um olhar treinado e apurado.

O dilema não é só o problema: é a pergunta dramática que estrutura um conteúdo relevante. É ele que nos força a imaginar como o projeto atravessará essa questão e com que narrativa, tom e solução. Em um mercado saturado por ideias, o dilema é o que dá profundidade e diferenciação. Para anunciantes, canais de TV ou plataformas de *streaming*, é também o que torna o conteúdo estratégico e aderente a seus objetivos de negócio. Um projeto que enxerga e nomeia uma tensão real, e propõe um caminho de atravessamento, tem muito mais chance de ser comprado, distribuído ou patrocinado. É assim que o conteúdo deixa de ser decorativo e passa a ser funcional para os objetivos de negócio, de marca e de audiência.

Assim, ao construir seu projeto, pergunte-se sempre: que dilema esse conteúdo ajuda a enfrentar? Essa é a pergunta que todo comprador gostaria de ouvir respondida logo de início, e a maioria dos criadores ainda evita. Não por mal, mas por vício de origem. Com o dilema bem formulado, a ideia criativa deixará de ser um disparo no escuro e se tornará uma resposta com alvo certo.

A TRAVESSIA: COMO AJUDAMOS A RESOLVER O DILEMA

Se o dilema é o motor narrativo do projeto, a travessia é o seu percurso. Essa etapa da estrutura do projeto nos obriga a explicitar qual é o caminho que o conteúdo propõe para atravessar o dilema identificado. Não estamos mais apenas apontando um problema; estamos sugerindo uma resposta simbólica, emocional ou prática por meio de narrativa, formato, linguagem e proposta de valor.

Em termos simples: como nosso projeto ajudará o público (e o comprador da ideia) a lidar com o impasse que foi identificado? Essa não é uma etapa retórica, pois ela exige clareza, intencionalidade e compromisso com o que se está oferecendo. Muitos projetos até captam bem o dilema, mas falham ao não mostrar que tipo de transformação pretendem proporcionar. Isso dificulta o entendimento por parte de quem avalia um *pitching*, seja um canal, uma plataforma ou um anunciante.

A travessia não precisa ser resolutiva, mas deve ser crível. Ela pode oferecer acolhimento, reconhecimento, inspiração, quebra de padrão, ironia, denúncia, instrução, provocação ou celebração. Pode acontecer por meio do humor, da emoção, da ação, da estética, da representação ou da experiência. O importante é que o conteúdo não apenas exponha o dilema — ele deve atravessá-lo com o público.

Exemplos ajudam. Um projeto que trata do medo de envelhecer pode fazer a travessia pela via da naturalização: mostrar novos imaginários possíveis para a velhice documentando personagens. Um projeto sobre racismo institucional pode usar a travessia como denúncia, convidando a audiência a confrontar e ressignificar seus preconceitos. Já um *branded content* sobre beleza ou culinária pode fazer a travessia de modo divertido e *gamificado*, oferecendo uma competição com personagens que disputam um prêmio importante para sua carreira ou vida.

Na prática do *pitching*, essa etapa se torna especialmente valiosa porque mostra que há uma arquitetura por trás da ideia criativa. É aqui que o projeto começa a deixar de ser um desejo estético e se torna uma estratégia de conteúdo, com começo, meio e fim. Para um anunciante, por exemplo, a travessia também sinaliza compromisso. Não basta apoiar causas ou levantar bandeiras; é preciso mostrar como o conteúdo contribui para algo, seja a notabilidade de determinado tema, uma mudança de percepção sobre como uma marca lida com determinado assunto, o engajamento em conversas propostas em redes sociais ou a associação positiva a seus valores. É o momento em que a promessa do conteúdo se torna tangível. Portanto, ao preencher esse *frame* em nossa estrutura de projeto, a pergunta a ser respondida é clara e poderosa: *como esse conteúdo se propõe a atravessar um dilema identificado?* Se a resposta for precisa, original e sensível, o projeto já terá percorrido metade do caminho que instiga sua aprovação.

GANHOS: O QUE O PÚBLICO RECEBE COM ESSE PROJETO?

Uma das perguntas mais decisivas no momento de avaliar um projeto de conteúdo é: *o que se ganha com isso?* Pode parecer uma pergunta fria ou pragmática, mas ela é absolutamente legítima do ponto de vista do negócio, tanto para quem compra quanto para quem consome. Nenhum conteúdo existe apenas porque é bonito, inspirador ou relevante — aliás, até existe, só que por tempo extremamente limitado e sem alcance de público. Um conteúdo precisa gerar algum valor e, lembre-se, entretenimento também é valor. Nessa etapa da estrutura, organizamos com clareza os ganhos previstos para os dois lados centrais dessa equação: a audiência e a marca.

Começamos mapeando o público: que ganho simbólico, emocional, informativo ou prático esse conteúdo entrega a ele? Pode ser a sensação de pertencimento, a resolução de uma dúvida, a identificação com uma causa, o conforto diante de uma angústia, a inspiração para uma nova atitude, o simples prazer de se ver representado. O ganho do público é o que o faz clicar, continuar assistindo, compartilhar, comentar e recomendar. Esse ganho pode ser sutil ou evidente, direto ou indireto. O importante é que esteja presente e seja reconhecível. Projetos que não sabem responder claramente qual é o ganho da audiência costumam falhar em engajamento — porque o público percebe quando está sendo apenas espectador passivo de um discurso que não lhe diz respeito.

Já para uma marca, por exemplo, o ganho precisa estar alinhado a seus objetivos estratégicos. Pode ser aumento de *awareness*, associação com determinado território de marca, conexão com um novo alvo, reforço de posicionamento, recuperação de imagem, estímulo à consideração de compra ou ampliação do *brand equity*. Aqui, a clareza é essencial: o conteúdo precisa justificar seu investimento demonstrando que traz um retorno intangível, mas mensurável.

O erro mais comum nessa etapa é imaginar que, se o conteúdo for "bonito" ou "bem-intencionado", os ganhos virão automaticamente. Isso não é verdade. O mercado está cada vez mais criterioso e anunciantes e exibidores não estão com apetite para projetos que não sabem explicar que tipo de valor estão gerando. Ao articular os ganhos de forma objetiva e sensível para superar dilemas, criamos um conteúdo mais completo. Um projeto que mostra como melhorar a vida do público, mesmo que por alguns minutos, e ao mesmo tempo fortalece a marca é um projeto que pode ser comprado, patrocinado, impulsionado e distribuído.

A IDEIA CRIATIVA: O CONTEÚDO COMO RESPOSTA ESTRUTURADA

Agora sim: depois de definirmos o público, entendermos o contexto do financiador ou comprador em perspectiva, identificarmos o dilema, propormos uma travessia e explicitarmos os ganhos, chegamos à etapa da ideia criativa. É aqui, e não antes, que o conteúdo se manifesta como forma. Isso pode parecer contraintuitivo para criadores acostumados a pensar de forma espontânea, mas é essa mudança de eixo que transforma uma boa ideia em projeto viável.

A ideia criativa é a tradução do pensamento estratégico em forma narrativa, visual e conceitual. É o modo como vamos contar a história, construir o vídeo, desenvolver a série, estruturar o *branded content*. É onde a forma se organiza a serviço de uma função. Os caminhos se dão pela perspectiva de diferentes gêneros e formatos, da dramaturgia aos *realities*, dos shows e eventos musicais ou esportivos aos documentários e outros conteúdos baseados em estilo de vida ou fatos — notícias, culinária, beleza, moda, decoração, humor: tudo é permitido.

Ao chegar a esse ponto da estrutura, o desafio não é mais *ter uma ideia*, mas apresentá-la de forma clara, direta e compreensível, sem abrir mão da originalidade e do encantamento. Se houver um piloto, um vídeo, uma forma de tangibilizar os caminhos, vale incluir também, seja captado diretamente, seja até mesmo gerado por IA. A clareza de forma é tão importante quanto a potência da ideia. Ao escrever esse trecho do projeto, é fundamental conseguir responder: como é esse conteúdo? Quanto tempo dura? Qual é a linguagem? Qual é o tom? Qual é a quantidade de episódios, se houver? Que elemento central sustenta a narrativa? E quem aparece nele? Se for um conteúdo que envolva elenco já definido de influenciadores e atores e atrizes, é preciso apontá-los e também defender sua afinidade com a ideia central.

Como essa é a etapa em que o projeto começa a ganhar forma visual, pode ser conveniente apresentar *moodboards*[2], conteúdos de inspiração e *cases* que dialoguem com a abordagem proposta. Tais referências não devem ser entendidas como cópias, mas sim como elementos que facilitam ao avaliador a compreensão rápida do universo sensível da proposta.

Um bom *pitch* é aquele em que a ideia criativa faz sentido como consequência, não como ponto de partida. Quando conseguimos demonstrar que a forma criativa surgiu de uma escuta, de uma análise e de um diagnóstico, o projeto ganha densidade e direção. Ele não é só um *insight*: é uma resposta de negócio. E aqui reside uma das grandes chaves do modelo que proponho: ideias boas existem muitas. Mas ideias boas, coerentes com o público, com o dilema, com a marca, com o exibidor e com o momento de mercado de cada um deles são raras. E, por isso, têm mais chances de ser compradas.

JORNADA DE CONSUMO: COMO O PÚBLICO VAI ACOMPANHAR ESSA HISTÓRIA

Criar conteúdo relevante é só metade do desafio. A outra metade, sobretudo em um mercado marcado por fragmentação de plataformas e excesso de estímulos, é garantir que esse conteúdo tenha um planejamento claro de publicação para que seja efetivamente consumido. Nessa etapa da estrutura, organizamos o que chamamos de jornada de consumo do conteúdo, ou seja, o caminho que a audiência vai percorrer do primeiro contato ao engajamento efetivo com a proposta.

Muitos projetos param na ideia criativa, acreditando que a força da narrativa ou o impacto da estética serão suficientes para gerar atenção, ainda que tenham partido de análises de mercado. Mas não é assim que o consumo funciona hoje. O público precisa ser conduzido, envolvido, cativado, e isso exige planejamento diante de tanta fragmentação e atenção disputada. Essa jornada não é apenas de exibição, mas de construção de valor em camadas. É um roteiro de aproximação.

A jornada de consumo exige que você pense em como seu projeto será descoberto, qual será o ponto de entrada, como ele será aprofundado e que estratégias narrativas ou interativas manterão o interesse ao longo do tempo. Isso implica pensar nos meios adequados para publicar:

- *teasers* e materiais de pré-lançamento para gerar expectativa;
- primeira cena ou primeiro episódio forte — para captar a atenção, precisamos de cenas marcantes nos primeiros segundos e refletir se vale disponibilizar um episódio gratuito se estivermos falando de exibição no *streaming*;
- desdobramentos em múltiplas plataformas — *reels* e *tiktoks* com cortes, bastidores, *lives* de aquecimento ou com o elenco após a exibição;
- interações planejadas — caixas de perguntas, convites à ação, envolvimento com a comunidade;
- reforços periódicos de lembrança — edições semanais, conteúdos complementares, chamadas com influenciadores.

Essa jornada também deve estar alinhada com os hábitos do público definido. Se seu projeto é para a geração Z, por exemplo, considere que ela pode consumir seu conteúdo em blocos curtos, no *smartphone*, e em horários intermitentes; a plataforma para toda a experiência de consumo pode ser alguma rede social ou o YouTube. A proposta, portanto, precisa se ajustar ao ritmo, ao tempo disponível e às plataformas preferidas da audiência.

Outro aspecto importante: pensar em conteúdo como jornada exige analisar frequência, cadência e formato. Um conteúdo isolado pode ser impactante, mas uma sequência planejada de entregas aumenta exponencialmente o potencial de engajamento e memória de marca. Por fim, é aqui que você mostra para o comprador ou investidor que pensou além da ideia. Que sabe manter o conteúdo vivo, gerar conversas, potencializar o alcance. É a diferença entre um projeto que "nasce pronto" e um que precisa ser redesenhado profundamente pelo parceiro, e essa diferença pode determinar a aprovação ou não de um *pitch*. A jornada de consumo é o mapa da experiência. Quem não desenha o caminho da audiência se perde com ela.

CRONOGRAMA DE PUBLICAÇÃO POR PLATAFORMA

Um dos erros mais comuns em projetos audiovisuais, sobretudo no universo do conteúdo digital, é confundir ideia criativa com plano de execução. Ter uma boa ideia e até mesmo uma jornada de consumo clara não significa ter um projeto pronto para ser colocado no ar. É por isso que essa etapa da matriz trata do cronograma de publicação, distribuído por plataforma. Ele responde a perguntas como: quando o conteúdo será lançado? Com que frequência? Em que formato? Em quais canais? Com quais ativos complementares? Ele mostra que o projeto tem planejamento, visão de calendário e *awareness* dos ritmos de consumo.

Essa organização temporal e multicanal é especialmente importante em *pitches* para marcas e plataformas. Um conteúdo que se organiza em episódios semanais pode ter um impacto muito diferente de um conteúdo lançado em bloco. Uma ação que se inicia com uma intervenção no Instagram e culmina em um minidocumentário no YouTube exige planejamento integrado. Já um projeto transmídia precisa respeitar os tempos narrativos e a lógica de cada meio envolvido — não adianta replicar a mesma peça em todos os lugares. Ao desenhar esse cronograma, você deve considerar:

- a lógica da narrativa — Há construção de tensão? Clímax? Desfecho?;
- os melhores dias e horários para engajamento em cada plataforma;
- a cadência ideal de postagem — Diária? Semanal? Sazonal?;
- o papel de cada canal — TikTok para chamar atenção, YouTube para aprofundamento, Instagram para bastidores, por exemplo;
- a duração da campanha de ativação do projeto como um todo, seja ele de curto, médio ou de longo prazo.

O cronograma deve incluir não apenas os episódios principais, mas também *teasers*, peças de divulgação, interações planejadas, ativações com influenciadores, entrevistas com elenco, pílulas derivadas e encerramentos. É uma forma de mostrar maturidade no planejamento e visão de distribuição.

Quando um anunciante, canal ou plataforma avalia um projeto, ele não quer apenas saber se a ideia é boa, mas se está pronta para rodar. Um cronograma consistente passa essa segurança; sinaliza que você pensou o conteúdo como produto editorial, com calendário, ciclo de vida e pontos de contato. Por fim, essa etapa permite ao comprador prever e planejar investimentos, mensuração de resultados e gestão de ativos. Um conteúdo sem cronograma é um conteúdo que ainda não saiu do campo do desejo. Um conteúdo com cronograma é uma proposta pronta para andar.

ALCANCE, ENGAJAMENTO E INDICADORES DE EFICIÊNCIA

Chegamos a um dos pontos mais críticos de qualquer proposta de conteúdo no contexto profissional: os indicadores de desempenho. É aqui que o projeto responde à pergunta que está, muitas vezes, na mente de quem financia ou distribui: como saberemos que deu certo? Nessa etapa da estrutura, tratamos dos três principais eixos de mensuração: alcance potencial, engajamento previsto e eficiência do investimento, tradicionalmente medido por métricas de engajamento, como custo por visualização (CPV), tempo médio de retenção e conversão, quando aplicável.

Ao projetar o alcance, é importante considerar a soma estimada de pessoas que poderão ser impactadas pelo conteúdo, levando em conta a distribuição orgânica, impulsionada e potencial viralização. Esse número deve ser embasado em dados reais de projetos anteriores, *benchmarks* de mercado ou estimativas baseadas no histórico da plataforma em questão. O engajamento, por sua vez, diz respeito a quanto o público se envolverá com o conteúdo. Curtidas, compartilhamentos, comentários, tempo médio assistido, cliques e respostas a chamadas para ação são alguns dos indicadores possíveis. Vale lembrar que formatos diferentes têm métricas de engajamento diferentes — um vídeo de 15 segundos no TikTok não será avaliado com os mesmos critérios de uma websérie documental de cinco episódios. A eficiência, por fim, é a forma de demonstrar que o projeto entrega mais com menos. Indicadores como custo por visualização (CPV) e custo por mil impressões (CPM) ajudam a comparar propostas e podem ser decisivos em disputas por verba. Quando bem calculados e apresentados com transparência, esses números transformam o conteúdo em ativo competitivo.

É fundamental, porém, que esses números não sejam inflados nem genéricos. Um *pitch* que promete "milhões de *views*" sem indicar como ou por que isso aconteceria perde credibilidade. O que o mercado valoriza é a coerência entre conteúdo, público, plataformas e projeção de resultados. Mais do que convencer, essa etapa ajuda também a alinhar expectativas. Um conteúdo com forte potencial de *awareness* pode não gerar conversão direta, e não há problema se isso for previamente acordado. O erro está em não deixar claro qual é o objetivo primário do projeto: *awareness*, consideração, conversão ou fidelização.

Um projeto que sabe dizer com clareza a quem quer atingir, o que quer provocar e como medirá seus resultados já sai na frente. Porque, no fim das contas, o conteúdo que não pode ser medido não pode ser defendido.

INVESTIMENTO: ORÇAMENTO, PRODUÇÃO E DISTRIBUIÇÃO

Nenhum projeto audiovisual, por mais criativo ou bem estruturado que seja, se realiza sem um plano orçamentário claro. Nessa etapa da estrutura, tratamos do que muitos evitam até o último momento: o investimento necessário para viabilizar o conteúdo.

Falar de dinheiro com clareza não é um obstáculo — é um sinal de maturidade profissional.

A apresentação orçamentária de um projeto deve contemplar três blocos centrais:

1. **Custo de produção.** Inclui desenvolvimento, roteiros, direção, equipe técnica, captação, edição, pós-produção, trilha, locações e tudo que diz respeito à execução do conteúdo em si. Esse custo deve refletir o escopo e a ambição do projeto. Um conteúdo simples para redes sociais tem uma lógica distinta de uma série documental com filmagens em múltiplas cidades[3].
2. **Cachês e direitos.** Implica remuneração de apresentadores, elenco, influenciadores e eventuais parceiros criativos. Também pode incluir compra de trilhas, licenças de imagem, direitos autorais e contratos de cessão. É importante deixar claro se esses valores estão incluídos na proposta ou se serão negociados à parte.
3. **Distribuição e mídia.** Representa os investimentos planejados em impulsionamento, mídia paga, distribuição em plataformas ou até ativações específicas. Um erro comum é apresentar um projeto brilhante de conteúdo e não prever verba para fazê-lo chegar a quem importa, o que compromete completamente a eficácia da proposta.

Além desses três blocos, é sempre recomendável prever uma margem de contingência, sobretudo no caso de conteúdos que envolvem gravações externas, múltiplas equipes ou entregas escalonadas. Trabalhe com algo em torno de 10% do orçamento total do projeto para a linha de imprevistos de produção. O pró-labore do produtor deve ficar em torno de 15% do orçamento total do projeto.

Essa etapa não é apenas técnica, mas estratégica. Um *pitch* que apresenta seu orçamento como parte do raciocínio geral (e não como adendo final) demonstra preparo. É possível e desejável apresentar o investimento como parte de uma proposta de valor: por exemplo, justificar o custo com base no custo por visualização (CPV) estimado ou no potencial de retorno de marca. Também vale sinalizar os itens que podem ser ajustados conforme o interesse do parceiro. Um projeto que demonstra flexibilidade e clareza em suas linhas orçamentárias facilita negociações e aumenta a chance de ser comprado. Por fim, nunca se deve esquecer que investimento é diferente de custo. O investimento, quando bem estruturado, é o que transforma o conteúdo de uma ideia em um ativo de marca, em um motor de engajamento e, muitas vezes, em um catalisador de reputação. Um bom conteúdo custa, mas rende.

O FECHAMENTO: POR QUE INVESTIR NESSE PROJETO?

Todo projeto bem estruturado precisa terminar convidando o investidor a financiá-lo. Depois de apresentar o público-alvo, o dilema, a travessia, a ideia criativa, a jornada de consumo, os indicadores e os custos, é hora de dizer, com todas as letras, por que o possível comprador deve investir no conteúdo. É aqui que se dá o fechamento — não como uma conclusão protocolar, mas como um argumento final de venda.

Não se trata de repetir o que já foi dito, mas de costurar todos os pontos do projeto em uma narrativa unificada, falando em nome do comprador. É como se disséssemos: "Sabemos o que você quer, entendemos o que seu público sente, temos uma proposta que entrega valor para ambos e temos capacidade para executá-la com eficiência". O erro mais comum é terminar o projeto com uma frase genérica ou emocional. A chave aqui é apresentar o conteúdo como solução real para um desafio de comunicação, de produto e serviço de *streaming* ou de reputação e posicionamento da marca. Use a linguagem do comprador, mostre que você o escutou, que conhece seu território e que entende o momento que ele atravessa.

Um bom fechamento deve responder, de forma direta ou implícita, às seguintes perguntas:

- Que oportunidade surge ao se associar a esse conteúdo?
- Que dilema ele ajuda a enfrentar junto ao público?
- Que território ele ocupa ou fortalece com essa proposta?
- Que tipo de conversa ele ativa?
- Além da visibilidade, que valor ele gera?

Ao formular esse fechamento, pense no tom do comprador, na forma como ele se comunica, nos códigos que ele usa. A ideia não é imitá-lo, mas mostrar familiaridade e alinhamento. Em um mercado saturado de propostas, o diferencial de um projeto pode estar justamente na percepção de encaixe, no famoso "isso é a cara da nossa empresa".

Fechar bem é sinalizar prontidão para a execução. É demonstrar que o projeto não é só criativo, mas também estratégico. Que não será apenas bonito no portfólio, mas relevante para o negócio. Que não é apenas conteúdo, mas capital narrativo para quem investe nele. Em suma, o fechamento é o momento em que o projeto deixa de ser uma proposta e passa a ser uma escolha possível. E, como toda boa escolha, ele precisa provocar respostas. De preferência, uma só: vamos fazer.

CHECKLISTS

Depois de percorrermos todos os *frames* da estrutura de apresentação de projetos, da definição do público e do fechamento estratégico, é importante oferecer uma visão consolidada do processo. Por isso, finalizamos esta parte do livro com dois *checklists* fundamentais: um para revisão tática e outro para alinhar o conteúdo à jornada do comprador.

CHECKLIST 1 — REVISÃO ESTRATÉGICA DO PROJETO

Antes de levar seu projeto para um *pitching* com marca, plataforma ou distribuidor, certifique-se de que todas as perguntas a seguir estão respondidas com clareza no material apresentado:

1. Quem somos?
2. O projeto deixa claro quem está por trás da proposta (equipe *expertise*, histórico)?
3. Que dilema enfrentamos?
4. O dilema central do público está bem formulado, com base em dados e escuta ativa? Por quê?
5. Há uma justificativa clara para a escolha desse dilema, que o conecte ao contexto social e ao comprador?
6. Qual é a entrega?
7. A proposta criativa está apresentada de forma objetiva, com formato, tom, plataformas e jornada definidos?
8. Como entregaremos?
9. O plano de produção, o cronograma e a jornada de consumo estão organizados e realistas?
10. Por quanto?
11. O orçamento está claro, dividido por produção, direitos e mídia, com projeções de eficiência?

Esse *checklist* é a espinha dorsal ou a matriz essencial da apresentação. Quando essas perguntas são respondidas com consistência, o projeto não apenas se sustenta — ele se projeta.

CHECKLIST 2 — A JORNADA DE UM PROJETO

Esse segundo *checklist*, que apresento detalhadamente no livro *Conteúdo de marca — Os fundamentos e a prática do 'branded content'* (2021), ajuda a alinhar o conteúdo ao percurso de construção de valor especificamente para uma marca. Ele será útil caso seu projeto seja destinado a um anunciante em prospecção.

- **Posicionamento.** O projeto reforça como a marca quer ser percebida?
- **Território.** Em que território editorial o conteúdo posiciona a marca? Esporte? Música? Finanças? Moda? Tecnologia?
- **Parceiros.** Que produtores traremos para o projeto? Produtoras consagradas? Expoentes periféricos? Influenciadores?
- **Conteúdo.** Que ideia criativa exploraremos? E em que formatos?
- ***Awareness.*** Como faremos que as pessoas cheguem até nosso conteúdo de modo que se interessem em consumi-lo?
- **Retorno potencial.** A proposta apresenta indicadores que permitam avaliar retorno qualitativo ou quantitativo?

Essa jornada não é uma exigência externa, mas uma bússola interna. Ela garante que o conteúdo gere valor comunicacional e institucional de forma alinhada ao momento da marca.

Com isso, finalizamos a apresentação do modelo completo. O que se viu neste capítulo não é apenas uma ferramenta de organização: é uma lógica de pensamento estratégico. Em tempos de transformação acelerada no consumo e na produção audiovisual, quem sabe estruturar e defender um projeto com clareza, propósito e método está à frente.

A boa ideia continua essencial, mas, como vimos, ela precisa vir depois da escuta e antes da execução. Este modelo existe para ajudar profissionais, produtoras, agências e criadores a transformarem boas intenções em propostas vendáveis, coerentes e consistentes.

Notas

1. Expert XP. Disponível em: https://www.expertxp.com.br/. Acesso em: 20 jun. 2025.
2. Painéis ou colagens visuais que servem para definir a atmosfera, o estilo, a paleta de cores e a emoção de um projeto.
3. Para a montagem de um orçamento audiovisual, você pode usar como referência a planilha que a Ancine disponibiliza para orçamentos detalhados para editais. Disponível em: https://www.gov.br/ancine/pt-br. Acesso em: 20 jun. 2025.

7. O que vem agora? Considerações para um mercado em transformação

Na semana em que finalizava este livro, recebi um e-mail da assessoria de imprensa da Summus. O motivo: um jornalista do jornal paulistano *O Estado de S. Paulo* procurava um especialista para tratar do fenômeno dos vídeos curtos, com foco especialmente na dramaturgia da plataforma ReelShort e no sucesso da novela *A vida secreta do meu marido bilionário*[1]. De certa maneira, o repórter captou uma virada que a mídia tradicional começava a enxergar: os vídeos curtos, até então considerados entretenimento passageiro ou juvenil, estão se consolidando como formato legítimo de dramaturgia e cultura de massa.

Durante a entrevista, ele me lembrou do Quibi. Lançado em abril de 2020, em plena pandemia, o Quibi foi uma tentativa bilionária de reinventar o audiovisual a partir de vídeos curtos produzidos com valores de produção dignos de Hollywood, pensados para o consumo em telas pequenas. Criado por Jeffrey Katzenberg (ex-Disney e DreamWorks) e liderado por Meg Whitman (ex-CEO da HP e do eBay), o projeto contou com um investimento inicial de 1,75 bilhão de dólares e teve o apoio de gigantes como Disney, NBCUniversal, Sony, Warner e Alibaba, entre outros. A promessa era entregar conteúdos de até dez minutos, chamados de *quick bites*, com a inovação de permitir ao usuário assistir tanto na vertical quanto na horizontal. Embora tenha tido 300 mil *downloads* no primeiro dia, a plataforma não conseguiu engajar o público. Em poucos meses, seu aplicativo desapareceu da lista dos mais baixados, a base de usuários ativos não passou de 1,3 milhão e os números de conversão após o período gratuito foram decepcionantes. Em outubro de 2020, o Quibi anunciou seu encerramento. Em janeiro de 2021, sua biblioteca foi adquirida por menos de 100 milhões de dólares pela Roku, empresa estadunidense que oferece dispositivos de *streaming* e opera a plataforma The Roku Channel, a qual disponibiliza conteúdos gratuitos e pagos para TVs conectadas.

O caso Quibi virou símbolo de fracasso da indústria[2]. Mas, como eu disse ao jornalista do *Estadão*, talvez ele tenha falhado não pelo modelo, mas pelo *timing*. O Quibi tentava falar com uma geração que ainda não estava madura para esse tipo de consumo. Sua proposta parecia fazer sentido — vídeos curtos, pensados para o celular, com qualidade de produção —, mas chegou antes da consolidação da cultura do *scroll*, do domínio do TikTok e da popularização da verticalização de conteúdo. Em 2020, devido à pandemia, o público jovem, e até mesmo o público geral, ainda estava fortemente vinculado ao YouTube e à TV via *streaming* tradicional. O Quibi não conseguiu entender que inovação tecnológica só se sustenta quando encontra uma cultura de consumo já preparada para assimilá-la. Hoje, o que ele propôs está sendo feito — de maneira mais orgânica, nativa e bem-sucedida — por produtores independentes no TikTok, por plataformas como Kwai e até por dramaturgias de baixo orçamento distribuídas em *apps* como ReelShort. Não se trata de ridicularizar o Quibi, mas de reconhecê-lo como um sinal antecipado do que viria: a ascensão de um novo modelo de audiovisual fragmentado, pensado para telas pequenas, em que tempo, linguagem e contexto cultural são os verdadeiros ativos.

Esse talvez seja o principal ensinamento que você, leitor(a), deve levar deste livro: o consumo muda de acordo com inflexões culturais e geracionais. E os meios também mudam para acompanhar essas transformações. Repito mais uma vez: não podemos afirmar que o *longform* vai desaparecer. Mas talvez ele já não seja mais a mídia preferencial de uma parcela crescente da população.

As pequenas telas, os vídeos verticais, os formatos dopaminérgicos de comédia, novela, documentário e publicidade estão ocupando o centro da experiência audiovisual contemporânea.

Encerro esta obra com oito recomendações que visam orientar profissionais, produtores, marcas e plataformas para este novo ecossistema.

ATUALIZE SEU PORTFÓLIO DE FORMATOS

O tempo de atenção está em disputa e, nesse cenário, não há mais espaço para um portfólio que dependa exclusivamente de formatos longos. O público consome mais e melhor quando encontra diferentes pontos de entrada para uma história, seja um *teaser* de seis segundos, um vídeo de 30 segundos em carrossel ou uma minissérie no YouTube. A coexistência de formatos curtos e longos não é apenas possível, mas desejável. Atualizar o portfólio significa experimentar linguagens, plataformas e durações. É, em última instância, reconhecer que a lógica de um "conteúdo único para todos" está em colapso.

CRIE PRODUTOS PENSADOS PARA PUBLICIDADE *SHORTFORM*

Vimos pelos dados do Interactive Advertising Bureau que mais de R$ 37 bilhões foram investidos em publicidade digital no Brasil em 2024, tendo a maior parte do valor sido destinada a plataformas sociais que privilegiam vídeos curtos. Esses ambientes exigem formatos nativos e criativos, que entendam o ritmo, a estética e os códigos da cultura de redes. A publicidade em *shortform* deixou de ser adaptação e tornou-se um gênero próprio e dominante. Marcas que entenderem isso sairão na frente. E produtores que souberem criar para esse ecossistema se tornarão parceiros estratégicos, e não apenas fornecedores de produção.

PRODUZA CONTEÚDO EDUCATIVO COM LINGUAGEM E RITMO DE REDES SOCIAIS

O conteúdo educativo vive uma reinvenção nas plataformas curtas. Tutoriais, análises, dicas, resumos e explicações rápidas se tornaram populares entre jovens que aprendem pelo celular. A linguagem audiovisual curta, somada ao uso de trilhas, legendas, cortes rápidos e inserções visuais, transforma o aprendizado em experiência. Isso abre um campo imenso para produtores que queiram atuar com formação, capacitação ou projetos de marca com vocação educativa.

POSICIONE-SE COMO AGENTE DE NICHOS CULTURAIS E CAUSAS

Na economia da atenção, o valor simbólico da marca ou do produtor está profundamente ligado à sua capacidade de expressar identidade e pertencimento. Causas sociais, expressões culturais específicas, estilos de vida: tudo isso se converte em engajamento quando transformado em conteúdo audiovisual autêntico. Mais do que tentar falar com todos, falar com profundidade com alguns pode ser a oportunidade para *publishers* e produtores. Isso significa mapear nichos, entender seus códigos e produzir com (e não apenas para) essas comunidades. Posicionar-se em nichos não é limitar o alcance, mas qualificar a relevância. E, no cenário atual, relevância vence volume.

ATUE POLITICAMENTE NA REGULAÇÃO DO *STREAMING* E DO CONTEÚDO DIGITAL

Cotas para produtoras independentes nos catálogos das plataformas de *streaming* movimentam positivamente a economia do país e o mercado audiovisual. Mas é preciso ação. Estar atento aos movimentos legislativos, atuar em redes e se formalizar como produtor independente são passos essenciais. Se a regulação for bem aproveitada, ela pode democratizar o acesso aos recursos e às janelas de exibição. Se for negligenciada, o risco é que os grandes conglomerados se reestruturem para ocupar esse espaço. A janela existe. Cabe aos produtores se organizarem para atravessá-la.

ENTENDA O SOCIAL COMO INVENTÁRIO INFINITO DE NARRATIVAS

As redes sociais são hoje o principal inventário de atenção e cultura. Elas são o oposto da mídia tradicional, que é escassa e, para o bem e para o mal, impõe barreiras criteriosas de alinhamento editorial e regras claras aos que querem se comunicar. Com um YouTube, por exemplo, acessível a qualquer um que queira montar seu canal, o produtor tem em mãos a possibilidade de testar ideias, modular conteúdos e distribuir histórias de forma fragmentada. Mas isso exige estratégia e investimento, já que as redes também enfrentam saturação e disputa de atenção diante de seu consumo massivo, fazendo dessa disputa um negócio que privilegia aqueles que pagam para ampliar suas publicações e produções. Nas plataformas digitais, alcançar muita gente não é algo espontâneo. É parte do plano criativo.

RECONSTRUA SEU MODELO DE *PITCHING* E APRESENTAÇÃO DE PROJETOS

Vender seu projeto para um distribuidor, um financiador, um produtor ou uma marca não é apresentar apenas sinopse, elenco e orçamento. É demonstrar aderência a comportamentos culturais e hábitos de consumo. Os compradores e anunciantes querem saber qual será a jornada do conteúdo: como ele começa, onde se expande, em que tela se converte, como ativa a comunidade. Isso exige um modelo de apresentação atualizado, com dados, *benchmarks*, cronogramas de lançamento e hipóteses de distribuição. Hoje, um projeto precisa provar que será visto antes mesmo de ser produzido.

Amplie o olhar, pois o futuro não será como o passado. Seria um erro subestimar os vídeos curtos. Eles não são apenas memes ou passatempo juvenil, mas a expressão de uma nova linguagem cultural, com estética própria, narrativa adaptada e adesão massiva. São também o lugar onde o público está e onde o conteúdo se faz relevante. O futuro do audiovisual será híbrido, adaptável e orientado à experiência. E quem quiser fazer parte dele precisa deixar de olhar o novo com os olhos do velho. Os próximos grandes sucessos culturais talvez durem alguns segundos. E tudo bem.

Notas

1. Delcolli, Caio. *Microdramas conquistam o Brasil com tramas verticais para celular e ritmo acelerado*. Estadão, 23 jul. 2025.
2. Mullin, Benjamin. "Quibi is shutting down barely six months after going live". *The Wall Street Journal*, 22 out. 2020.

Referências

Agência Nacional do Cinema. "Mapas complexos do audiovisual brasileiro". Brasília: Ancine, 2024. Disponível em: https://www.gov.br/ancine/pt-br/centrais-de-conteudo/infografico/mapas-complexos. Acesso em: 18 jun. 2025.

Assis Junior, Fabio de Paula; Moura, Leonardo. "*Video on demand*: a importância da regulação da cadeia produtiva para a indústria do audiovisual nacional". *In:* Moraes, Ana Luiza Coiro; Assis Junior, Fabio de Paula; Lisbôa Filho, Flavi Ferreira (orgs.). *Estudos culturais na comunicação contemporânea.* v. 1. São Paulo: Editora Cásper Líbero, 2019. p. 24-35.

CNBC. "How TikTok Shop became the fastest growing social media shopping platform". Produção: Devan Burris; edição: Lisa Setyon. Supervisão: Shawn Baldwin; Jeniece Pettitt. 30 mar. 2025. Disponível em: https://www.youtube.com/watch?v=XLFhfwVOPaI. Acesso em: 17 jun. 2025.

Du Gay, Paul *et al. Doing cultural studies — The story of the Sony Walkman.* 2. ed. Londres: Sage, 2013.

Foucault, Michel. *A ordem do discurso.* 10. ed. São Paulo: Loyola, 1996.

García Canclini, Néstor. *Consumidores e cidadãos: conflitos multiculturais da globalização.* 4. ed. Rio de Janeiro: Ed. da UFRJ, 2001.

Gioia, Ted. "The state of the culture, 2024 — Or a glimpse into post-entertainment society (it's not pretty)". *The Honest Broker, Substack,* 18 fev. 2024. Disponível em: https://www.honest-broker.com/p/the-state-of-the-culture-2024. Acesso em: 17 jun. 2025.

Globo. "O brasileiro ama redes sociais". *Gente, Globo,* 26 jul. 2022. Disponível em: https://gente.globo.com/infografico-o-brasileiro-ama-redes-sociais/. Acesso em: 18 jun. 2025.

Globo. *Relatório ESG Globo 2024.* Rio de Janeiro: Globo, 2024. Disponível em: https://globoir.globo.com/list.aspx?idCanal=UFXki2bOc/BfD7Z/Z5XPxg==&linguagem=pt. Acesso em: 15 jun. 2025.

Haidt, Jonathan. *A geração ansiosa — Como a infância hiperconectada está causando uma epidemia de transtornos mentais.* São Paulo: Companhia das Letras, 2024.

Hall, Stuart. *A identidade cultural na pós-modernidade.* Franca: DP&A, 1999.

______. *Da diáspora — Identidades e mediações culturais*. Belo Horizonte: Ed. da UFMG, 2003.

IAB Brasil. *Digital AdSpend 2024*. São Paulo: IAB Brasil; Kantar Ibope Media, 2024. Disponível em: https://iabbrasil.com.br/pesquisa-digital-adspend-2024/. Acesso em: 17 jun. 2025.

Kantar Ibope Media. *Cross Platform View Brasil 2024*. Relatórios e análises disponibilizados por meio do documento "Rio2C — Dados consumo de vídeo — vFinal.docx", 2024.

Lacan, Jacques. *Os quatro conceitos fundamentais da psicanálise (Seminário XI)*. Rio de Janeiro: Zahar, 1985.

Lima, Heverton da Silva. *A Lei da TV Paga — Impactos no mercado audiovisual*. Dissertação (mestrado em Meios e Processos Audiovisuais) — Escola de Comunicações e Artes, Universidade de São Paulo, 2015. Disponível em: https://www.teses.usp.br/teses/disponiveis/27/27161/tde-26062015-162615/publico/HEVERTONSOUZALIMA.pdf. Acesso em: 18 jun. 2025.

McKinsey & Company. "Addressing the unprecedented behavioral health challenges facing Generation Z". *McKinsey & Company*, 14 jan. 2022. Disponível em: https://www.mckinsey.com/industries/healthcare/our-insights/addressing-the-unprecedented-behavioral-health-challenges-facing-generation-z. Acesso em: 18 jun. 2025.

Moura, Leonardo. *Conteúdo de marca — Os fundamentos e a prática do 'branded content'*. São Paulo: Summus, 2021.

______. *Como analisar filmes e séries na era do streaming*. São Paulo: Summus, 2023.

Parrot Analytics. Página institucional. Disponível em: https://www.parrotanalytics.com. Acesso em: 19 jun. 2025.

Smart, Andrew. *Beyond zero and one — Machines, psychedelics, and consciousness*. Nova York: OR Books, 2016.

______. *Autopilot — The art & science of doing nothing*. Nova York: OR Books, 2013.

Santaella, Lúcia. *Neo-humano — A sétima revolução cognitiva do sapiens*. São Paulo: Paulus, 2022.

Shapiro, Evan. "E-shap: boletim semanal de economia política global e cultura estratégica". *Substack*, 2025.

Terra, Carolina Frazon. *Marcas influenciadoras digitais — Como transformar organizações em produtoras de conteúdo digital*. 1. ed. São Paulo: Difusão, 2021.

Williams, Raymond. *Cultura e sociedade — De Coleridge a Orwell*. Petrópolis: Vozes, 2011.

______. *Televisão — Tecnologia e forma cultural*. São Paulo: Boitempo, 2016.

Leitura complementar

Carrascoza, João Anzanello (org.). *O sumo e o consumo do som — Notas artísticas e comunicacionais*. São Paulo: Pimenta Cultural, 2024.

Cevasco, Maria Elisa. *Para ler Raymond Williams*. São Paulo: Paz e Terra, 2001.

Globo. "O esgotamento das redes sociais". *Gente Globo*, 2 jan. 2024. Disponível em: https://gente.globo.com/o-esgotamento-das-redes-sociais/. Acesso em: 18 jun. 2025.

Lisboa Filho, Flavi Ferreira; Moraes, Ana Luiza Coiro. "Estudos culturais aplicados a pesquisas em mídias audiovisuais — O circuito da cultura como instrumental analítico". *Significação*, v. 41, n. 42, p. 67-86, 2014. Disponível em: https://doi.org/10.11606/issn.2316-7114.sig.2014.85103.

MLABS. Glossário de métricas do TikTok Business. Disponível em: https://ajuda.mlabs.com.br/pt-BR/articles/8926937-glossario-de-metricas-do-tiktok-business. Acesso em: 20 jun. 2025.

Moreno, Antonio. *Cinema brasileiro — História e relações com o Estado*. Niterói: Eduff; Goiânia: Cegraf/UFG, 1994.